Die Chakren

C. W. Leadbeater

Verlag Heliakon

Verlag Heliakon

Umschlaggestaltung: Verlag Heliakon
Titelbild: Pixabay (geralt)

Originaltitel: The Chakras
Übersetzer: Osmar Henry Syring

Druck und Vertrieb: BoD - Books on Demand, Norderstedt

www.verlag-heliakon.de
info@verlag-heliakon.de

ISBN 978-3-949496-41-7

Die Deutsche Nationalbibliothek verzeichnet diese Publikation in der Deutschen Nationalbibliografie; detaillierte bibliografische Daten sind im Internet über dnb.de abrufbar.

Inhaltsverzeichnis

Vorwort

Wenn ein Mensch beginnt, seine Sinne zu entwickeln, so dass er ein wenig mehr wahrnehmen kann als alle anderen, öffnet sich vor ihm eine neue und höchst faszinierende Welt, und die Chakren sind mit das Erste, was seine Aufmerksamkeit erregt. Seine Mitmenschen erscheinen ihm in einem neuen Licht; er nimmt vieles an ihnen wahr, was ihm vorher verborgen war, und kann sie daher viel besser verstehen, würdigen als er dies zuvor konnte und ihnen (wenn nötig) helfen.

Ihre Gedanken und Gefühle zeigen sich ihm deutlich in Farbe und Form; der Entwicklungsstand und der Gesundheitszustand werden zu offensichtlichen Tatsachen und sind nicht mehr nur reine Schlussfolgerungen.

Die leuchtenden Farben und die schnelle und unaufhörliche Bewegung der Chakren lenken seine Aufmerksamkeit sofort auf sich, und er möchte natürlich wissen, was sie sind und was sie bedeuten.

Ziel dieses Buches ist es, eine Antwort auf diese Fragen zu geben und denjenigen, die noch keinen Versuch unternommen haben, ihre schlummernden Fähigkeiten zu entfalten, eine Vorstellung davon zu vermitteln, wie zumindest ein kleiner Teil dessen aussieht, was ihre glücklicheren Brüder wahrnehmen.

Um unvermeidliche Missverständnisse im Vorfeld auszuräumen, sollte man wissen, dass es nichts Fantastisches oder Unnatürliches an der Wahrnehmung gibt, die manche Menschen befähigt, mehr zu sehen als andere. Es ist einfach eine Erweiterung der Fähigkeiten, mit denen wir alle vertraut sind, und sie zu erlangen bedeutet, sich für schnellere Schwingungen empfänglich zu machen, als die, auf die unsere physischen Sinne normalerweise zu reagieren gelernt haben. Diese Fähigkeiten wird jeder im Laufe der Evolution erlangen, aber einige von uns haben besondere Anstrengungen unternommen, um sie schon jetzt vor allen anderen zu entwickeln, was sie viele Jahre harter Arbeit gekostet hat, die die meisten Menschen nicht auf sich nehmen möchten.

Ich weiß, dass es immer noch viele Menschen auf der Welt gibt, die so weit hinter der Zeit zurück geblieben sind, dass sie die Existenz solcher Kräfte leugnen, so wie es immer noch Dorfbewohner gibt, die noch nie einen Eisenbahnzug gesehen haben. Ich habe weder Zeit noch Platz, um mich mit solch unbesiegbarer Ignoranz auseinanderzusetzen; ich kann die Interessierten nur auf mein Buch "Der sichtbare und der unsichtbare Mensch" oder auf zahlreiche Bücher anderer Autoren zum selben Thema verweisen.

Die ganze Angelegenheit ist hunderte Male bewiesen worden, und niemand, der den Wert von Beweisen zu schätzen weiß, kann mehr Zweifel hegen.

Chakren

Über die Chakren ist viel geschrieben worden, aber hauptsächlich in Sanskrit oder in einigen der indischen Dialekte.

Erst in letzter Zeit ist einiges darüber in englischer Sprache erschienen. Ich selbst habe sie um 1910 in „Das innere Leben“ erwähnt, und inzwischen ist Sir John Woodroffes großartiges Werk "Die Schlangenkraft" erschienen, und einige der anderen indischen Bücher sind übersetzt worden. Die symbolischen Zeichnungen, die von den indischen Yogis verwendet werden, wurden in „Die Schlangenkraft“ wiedergegeben, aber soweit ich weiß, sind die Illustrationen, die ich in diesem Buch präsentiere, der erste Versuch, sie so darzustellen, wie sie denjenigen, die sie sehen können, tatsächlich erscheinen.

In der Tat schreibe ich dieses Buch hauptsächlich, um der Öffentlichkeit diese schöne Serie von Zeichnungen meines Freundes, des Pfarrers Edward Warner, vorzustellen, und ich möchte ihm meine tiefe Dankbarkeit für all die Zeit und Mühe ausdrücken, die er dafür aufgewendet hat.

Ich muss auch meinem unermüdlichen Mitarbeiter, Professor Ernest Wood, für die Sammlung und Zusammenstellung all der wertvollen Informationen über die indischen Ansichten zu unserem Thema danken, die in Kapitel V enthalten sind.

Da ich viel mit anderen Arbeiten beschäftigt war, hatte ich die Absicht, lediglich die verschiedenen Artikel, die ich vor langer Zeit zu diesem Thema geschrieben hatte, zu sammeln und als Begleitmaterial zu den Illustrationen zu veröffentlichen; aber als ich sie durchblätterte, drängten sich bestimmte Fragen auf, und eine kleine Recherche brachte weitere Fakten ans Licht, die ich sorgfältig hinzugefügt habe.

Ein interessanter Punkt ist, dass sowohl das Vitalitätskügelchen als auch der Kundalini-Ring von Dr. Annie Besant beobachtet und bereits 1895 als Hyper-Meta-Proto-Elemente katalogisiert wurden, obwohl wir sie damals nicht weit genug untersucht haben, um ihre Beziehung zueinander und die wichtige Rolle, die sie im menschlichen Leben spielen, zu entdecken.

C. W. L.

Die Kraftzentren

Die Bedeutung des Wortes

Das Wort Chakra ist aus dem Sanskrit und bedeutet ein Rad. Es wird auch in verschiedenen untergeordneten, abgeleiteten und symbolischen Bedeutungen verwendet, genau wie sein englisches Äquivalent; so wie wir vom Rad des Schicksals sprechen könnten, so spricht der Buddhist vom Rad des Lebens und des Todes; und er beschreibt die erste große Rede, in der Buddha seine Lehre verkündete, als Dhammachakkappavattana Sutta (chakka entspricht in Pali dem Sanskrit Wort chakra), was Professor Rhys Davids poetisch mit „das königliche Wagenrad eines universellen Reiches der Wahrheit und Rechtschaffenheit in Bewegung setzen" übersetzt. Das entspricht genau dem Sinn, den der Ausdruck dem buddhistischen Gläubigen vermittelt, auch wenn die wörtliche Übersetzung der bloßen Worte „das Drehen des Rades des Gesetzes" lautet. Der besondere Gebrauch des Wortes Chakra, mit dem wir uns hier befassen, ist seine Bedeutung für eine Reihe von radähnlichen Wirbeln, die an der Oberfläche des Ätherkörpers des Menschen existieren.

Einleitende Erklärungen

Da dieses Buch wahrscheinlich einigen Menschen in die Hände fallen wird, die mit der theosophischen Terminologie nicht vertraut sind, ist es vielleicht gut, hier ein paar einleitende Worte zur Erklärung zu geben.

In gewöhnlichen, oberflächlichen Gesprächen erwähnt ein Mensch manchmal seine Seele — was besagt, dass der Körper, durch den er spricht, der eigentliche Mensch ist, und dass dieses Ding, das Seele genannt wird, ein Besitz oder Anhängsel dieses Körpers ist — eine Art Fesselballon, der über ihm schwebt und auf eine vage Art mit ihm verbunden ist. Dies ist eine ungenaue und irreführende Aussage; das genaue Gegenteil ist wahr. Der Mensch ist eine Seele und besitzt einen Körper — eigentlich mehrere Körper; denn neben dem sichtbaren Fahrzeug, mit dem er seine Geschäfte mit der niederen Welt abwickelt, hat er noch andere, die für das normale Auge nicht wahrnehmbar sind und mit denen er mit der Gefühls- und Gedankenwelt verkehrt. Mit diesen haben wir jedoch im Augenblick nichts zu tun.

Im Laufe des vorigen Jahrhunderts wurden enorme Fortschritte in der Kenntnis der kleinsten Einzelheiten des physischen Körpers gemacht; Medizinstudenten sind jetzt mit seiner verwirrenden Komplexität vertraut und haben zumindest eine allgemeine Vorstellung davon, wie sein erstaunlich komplizierter Mechanismus funktioniert.

Der Ätherkörper

Natürlich mussten sie ihre Aufmerksamkeit auf den Teil des Körpers beschränken, der dicht genug ist, um für das Auge sichtbar zu sein, und die meisten von ihnen wissen wahrscheinlich nichts von der Existenz jener Art von Materie, die zwar noch physisch, aber unsichtbar ist und die wir in der Theosophie als „ätherisch“ bezeichnen.[1)]

---

1) Nicht zu verwechseln mit dem "Äther", den manche für das Medium für elektromagnetische Wellen halten.

Dieser unsichtbare Teil des physischen Körpers ist für uns von großer Bedeutung, denn er ist das Vehikel, durch das die Ströme der Vitalität fließen, die den Körper am Leben erhalten, und ohne ihn, der als Brücke dient, um Gedanken- und Gefühlsschwingungen von der astralen zur sichtbaren, dichteren physischen Materie zu transportieren, könnte das Ego[1)] keinen Gebrauch von den Zellen seines Gehirns machen.

Er ist für den Hellsichtigen deutlich wahrnehmbar als schwach leuchtender violett-grauer Nebel, der den dichteren Teil des Körpers durchdringt und nur wenig über ihn hinausragt.

Das Leben des physischen Körpers ist einem ständigen Wandel unterworfen, und um zu leben, muss er ständig aus drei verschiedenen Quellen versorgt werden. Er braucht Nahrung für seine Verdauung, Luft für seine Atmung und Vitalität in drei Formen, um sie aufzunehmen.

Diese Vitalität ist im Wesentlichen eine Kraft, aber wenn sie mit Materie umhüllt ist, erscheint sie uns wie ein hochveredeltes chemisches Element. Sie existiert auf allen Ebenen, aber im Moment geht es uns darum, ihre Manifestation in der physischen Welt zu betrachten.

Um das zu verstehen, müssen wir etwas über den Aufbau und die Beschaffenheit dieses ätherischen Teils unseres Körpers wissen. Ich habe schon vor vielen Jahren in verschiedenen Werken über dieses Thema geschrieben, und Oberst A. E. Powell hat vor kurzem alle bisher veröffentlichten Berichte zusammengetragen und in einem Buch mit dem Titel „Der Ätherkörper“ veröffentlicht.

---

1) Individualität, nicht zu verwechseln mit dem Begriff, der in der Psychologie verwendet wird.

Die Zentren

Die Chakren oder Kraftzentren sind Verbindungspunkte, an denen Energie von einem Vehikel oder Körper des Menschen zu einem anderen fließt. Jeder, der ein wenig Hellsichtigkeit besitzt, kann sie leicht im Ätherkörper sehen, wo sie sich als untertassenartige Vertiefungen oder Wirbel auf der Oberfläche zeigen. Wenn sie ganz unentwickelt sind, erscheinen sie als kleine Kreise mit einem Durchmesser von etwa fünf Zentimetern, die bei einem normalen Menschen dumpf glühen; wenn sie jedoch erweckt und belebt sind, werden sie als strahlende, funkelnde Strudel wahrgenommen, die viel größer sind und Miniatursonnen ähneln.

Wir sprechen manchmal davon, dass sie ungefähr bestimmten physischen Organen entsprechen; in Wirklichkeit befinden sie sich an der Oberfläche des Ätherkörpers, der etwas über den Umfang des dichten Körpers hinausragt. Wenn wir uns vorstellen, dass wir direkt in den Kelch einer Blume der Gattung Convolvulus blicken, bekommen wir eine Vorstellung vom allgemeinen Aussehen eines Chakras. Der Stiel der Blüte entspringt jeweils an einem Punkt der Wirbelsäule, so dass man sich die Wirbelsäule auch als zentralen Stiel vorstellen könnte (siehe Abb. 13, S. 46), aus dem in Abständen Blüten sprießen, deren Kelche sich auf der Oberfläche des Ätherkörpers öffnen.

Die sieben Zentren, mit denen wir uns hier befassen, sind in der folgenden Abbildung (Abb. 1) wiedergegeben. Tabelle I enthält ihre englischen und Sanskrit-Namen. Dies zeigt einen Menschen, der von Chakren umgeben ist. Alle diese Räder drehen sich unaufhörlich, und in die Nabe oder den offenen Mund eines jeden fließt ständig eine Kraft aus der höheren Welt

— eine Manifestation des Lebensstroms, der vom Zweiten Aspekt des Solaren Logos ausgeht — den wir die „Primärkraft“ nennen.

Diese Kraft ist ihrer Natur nach siebenfach, und alle ihre Formen wirken in jedem dieser Zentren, wenngleich in jedem gewöhnlich eine von ihnen den anderen gegenüber vorherrscht. Ohne diesen Energiezufluss könnte der physische Körper nicht existieren. Daher sind die Zentren in jedem Men-

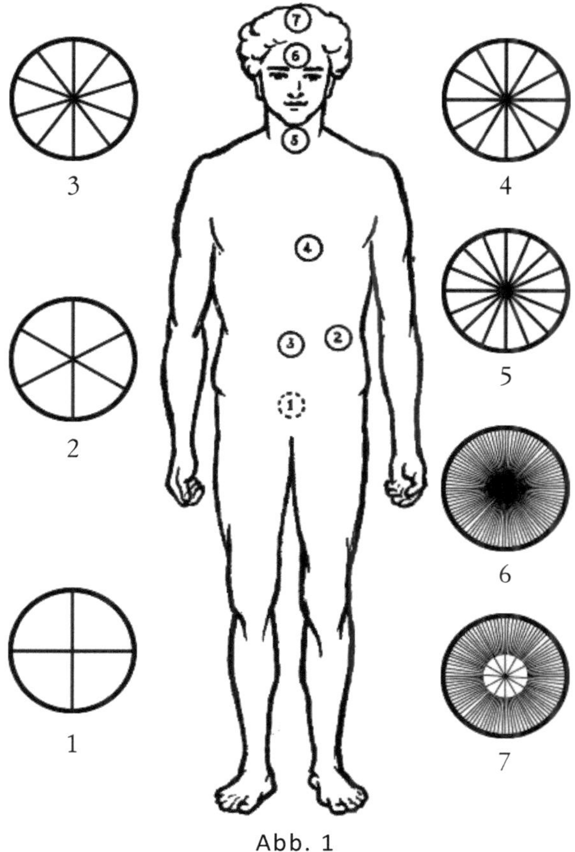

Abb. 1

Deutscher Name	Sanskrit Bezeichnung	Lage
Wurzel- oder Basis-Chakra	Muladhara	An der Basis der Wirbelsäule
Milz-Chakra	1)	Über der Milz
Nabel-Chakra	Manipura	Beim Nabel, über dem Sonnengeflecht
Herz-Chakra	Anahata	Über dem Herzen
Hals- oder Kehl-Chakra	Vishuddha	An der Vorderseite des Halses
Stirn- oder Frontal-Chakra	Ajna	Im Raum zwischen den Augenbrauen
Kronen-Chakra	Sahasrara	Am Scheitel des Kopfes

Tabelle 1

schen aktiv, auch wenn sie sich bei einem unentwickelten Menschen gewöhnlich relativ träge bewegen und nur den notwendigen Wirbel für die Kraft bilden, aber nicht mehr.

Bei einem höher entwickelten Menschen glühen und pulsieren sie in lebendigem Licht, so dass eine wesentlich größere Menge an Energie durch sie hindurchfließt, mit dem Ergebnis, dass dem Menschen zusätzliche Fähigkeiten und Möglichkeiten offen stehen.

Die Form der Wirbel

Diese göttliche Energie, die von außen in jedes Zentrum strömt, erzeugt im rechten Winkel zu sich selbst (d.h. in der Oberfläche des ätherischen Körpers) sekundäre Kräfte in wel-

---

1) Das Milzchakra wird in den indischen Büchern nicht angegeben; an seine Stelle tritt ein Svadhishthana genanntes Zentrum, das in der Nähe der Zeugungsorgane liegt und dem dieselben sechs Blütenblätter zugeordnet sind. Aus unserer Sicht wäre das Entstehen eines solchen Zentrums ein Unglück, denn es birgt ernsthafte Gefahren in sich. Im ägyptischen System der Entwicklung wurden aufwendige Vorkehrungen getroffen, um ein solches Erwachen zu verhindern. (Siehe „Das verborgene Leben in der Freimaurerei.“)

lenförmiger kreisförmiger Bewegung, so wie ein Stabmagnet, der in eine Induktionsspule gesteckt wird, einen elektrischen Strom erzeugt, der im rechten Winkel zur Achse oder Richtung des Magneten um die Spule fließt.

Die primäre Kraft strahlt, nachdem sie in den Wirbel eingetreten ist, im rechten Winkel, aber in geraden Linien, so als wäre das Zentrum des Wirbels die Nabe eines Rades und die Ausstrahlungen der primären Kraft seine Speichen.

Mit Hilfe dieser Speichen scheint die Kraft den Astral- und Ätherkörper wie mit Enterhaken zu verbinden.

Die Anzahl dieser Speichen ist in den verschiedenen Kraftzentren unterschiedlich und bestimmt die Anzahl der Wellen oder Blütenblätter, die jedes dieser Zentren aufweist.

Aus diesem Grund wurden diese Zentren in orientalischen Büchern oft poetisch als blumenähnlich beschrieben.

Jede der sekundären Kräfte, die die untertassenartige Vertiefung umströmen, hat ihre eigene charakteristische Wellenlänge, genau wie das Licht einer bestimmten Farbe; aber anstatt sich in einer geraden Linie zu bewegen, wie es das Licht tut, bewegt es sich entlang relativ großer Wellen unterschiedlicher Größe, die jeweils ein Vielfaches der in ihr enthaltenen kleineren Wellenlängen ist.

Die Anzahl der Wellen wird durch die Anzahl der Speichen des Rades bestimmt, und die sekundäre Kraft schlängelt sich unter und über die ausstrahlenden Ströme der primären Kraft, so wie ein Korbgeflecht um die Speichen eines Kutschenrads geflochten wird.

Die Länge der Wellen ist äußerst gering, und wahrscheinlich sind Tausende von ihnen in einer der Wellen enthalten.

Während die Kräfte im Wirbel kreisen, erzeugen diese Schwingungen unterschiedlicher Größe, die sich in der Art eines Korbgeflechts kreuzen, die von mir erwähnte Blütenform.

Sie ähnelt vielleicht noch mehr dem Aussehen bestimmter Teller oder flacher Schalen aus welligem, irisierendem Glas, wie sie in Venedig hergestellt werden.

Alle diese Wellenformen oder Blütenblätter haben diesen schimmernden, perlmuttartigen Charakter, doch hat jede von ihnen in der Regel ihre eigene vorherrschende Farbe, wie aus unseren Abbildungen ersichtlich wird. Dieser perlmuttartige, silbrige Glanz wird in Sanskrit-Werken mit dem Schimmern des Mondlichts auf dem Wasser verglichen.

Die Abbildungen

Unsere Illustrationen zeigen die Chakren, wie sie durch hellsichtiges Sehen bei einem relativ entwickelten und intelligenten Menschen wahrgenommen wurden, der sie bereits bis zu einem gewissen Grad in eine funktionierende Form gebracht hat. Natürlich sind unsere Farben nicht ausreichend leuchtend — keine irdische Farbe könnte das sein; aber zumindest geben die Zeichnungen eine Vorstellung von dem tatsächlichen Aussehen dieser Lichträder.

Aus dem Gesagten geht hervor, dass die Zentren bei verschiedenen Menschen unterschiedlich groß und hell sind, und dass selbst bei ein und derselben Person einige von ihnen viel stärker entwickelt sein können als die übrigen.

Sie sind etwa in natürlicher Größe gezeichnet, mit Ausnahme des Sahasrara oder Kronenchakras, das wir vergrößert haben, um seinen erstaunlichen Detailreichtum zu zeigen.

Bei einem Menschen, bei dem die Eigenschaften, die sich durch ein bestimmtes Zentrum ausdrücken, besonders ausgeprägt sind, erscheint dieses Zentrum nicht nur stark vergrößert, sondern auch besonders strahlend und sendet leuchtende goldene Strahlen aus.

Ein Beispiel dafür ist Madame Blavatskys Präzipitation der Aura von Herrn Stainton Moses, die jetzt im Archiv der Gesellschaft in Adyar aufbewahrt wird. Sie ist, wenn auch sehr unvollkommen, auf Seite 364 von Band I von Colonel Olcott's Old Diary Leaves wiedergegeben.

Diese Chakren gliedern sich naturgemäß in drei Gruppen, die untere, die mittlere und die höhere; man könnte sie als die physiologische, die persönliche und die spirituelle bezeichnen.

Das erste und das zweite Chakra, die nur wenige Speichen oder Blütenblätter haben, sind hauptsächlich damit beschäftigt, die beiden Kräfte in den Körper aufzunehmen, die auf der physischen Ebene in ihn einströmen — die eine ist das Schlangenfeuer von der Erde und die andere die Vitalität von der Sonne.

Die Zentren der mittleren Gruppe mit den Nummern 3, 4 und 5 sind mit den Kräften verbunden, die den Menschen durch seine Persönlichkeit erreichen — im Falle des Zentrums 3 durch die niedere Astralebene, im Zentrum 4 durch die höhere Astralebene und im Zentrum 5 durch die niedere Mentalebene.

Alle diese Zentren scheinen bestimmte Ganglien im Körper zu versorgen. Die Zentren 6 und 7 unterscheiden sich von den übrigen Zentren, da sie mit der Hypophyse (Hirnanhangdrüse) bzw. der Epiphyse (Zirbeldrüse) verbunden sind und erst dann in Aktion treten, wenn eine gewisse Stufe der geistigen Entwicklung erreicht worden ist.

Ich habe schon gehört, dass die einzelnen Blütenblätter dieser Kraftzentren jeweils eine moralische Qualität repräsentieren, und dass die Entwicklung dieser Qualität das Zentrum in Aktivität versetzt.

In der Dhyanabindu Upanishad zum Beispiel werden die Blütenblätter des Herz-Chakras mit Hingabe, Faulheit, Zorn, Nächstenliebe und ähnlichen Qualitäten in Verbindung gebracht.

Ich kenne noch keine Fakten, die dies eindeutig bestätigen, und es ist nicht leicht zu begreifen, wie das sein könnte, denn die Erscheinung wird von bestimmten, leicht erkennbaren Kräften hervorgerufen, und die Blütenblätter in einem bestimmten Zentrum sind entweder aktiv oder nicht aktiv, je nachdem, ob diese Kräfte erweckt wurden oder nicht, und ihre Entfaltung scheint in keinem direkteren Zusammenhang mit der Moral zu stehen als die Entwicklung des Bizeps.

Ich habe durchaus Personen kennengelernt, bei denen einige der Zentren sehr aktiv waren, obwohl der moralische Fortschritt keineswegs außergewöhnlich hoch war, während bei anderen Personen von hoher Spiritualität und Moral die Zentren noch kaum belebt waren; es scheint also kein notwendiger Zusammenhang zwischen den beiden Entwicklungen zu bestehen.

Es lassen sich jedoch einige Tatsachen beobachten, auf die sich diese recht merkwürdige Vorstellung stützen könnte.

Obwohl die Ähnlichkeit mit Blütenblättern durch dieselben Kräfte verursacht wird, die um das Zentrum herum und abwechselnd über und unter den verschiedenen Speichen fließen, unterscheiden sich diese Speichen in ihrem Charakter, weil die einströmende Kraft in ihre Bestandteile oder Qualitäten unterteilt wird, und daher strahlt jede Speiche einen eigenen speziellen Einfluss aus, auch wenn die Unterschiede gering sind.

Die sekundäre Kraft wird beim Passieren jeder Speiche bis zu einem gewissen Grad durch ihren Einfluss modifiziert und verändert daher ein wenig ihren Farbton. Einige dieser Farbschattierungen können auf eine bestimmte Form der Kraft hinweisen, die der Entwicklung einer bestimmten moralischen Qualität förderlich ist, und wenn diese Qualität gestärkt wird, wird die entsprechende Schwingung stärker ausgeprägt sein.

So kann die Intensivierung oder Abschwächung der Färbung ein Hinweis darauf sein, dass die betreffende Eigenschaft mehr oder weniger ausgeprägt ist.

Das Wurzel-Chakra

Das erste Zentrum, das Basiszentrum, befindet sich am unteren Ende der Wirbelsäule und verfügt über eine primäre Kraft, die sich in vier Speichen entfaltet, weshalb die Wellen so angeordnet sind, dass sie den Eindruck erwecken, sie seien in Quadranten unterteilt, die abwechselnd rot und orange gefärbt sind und zwischen denen sich Vertiefungen befinden.

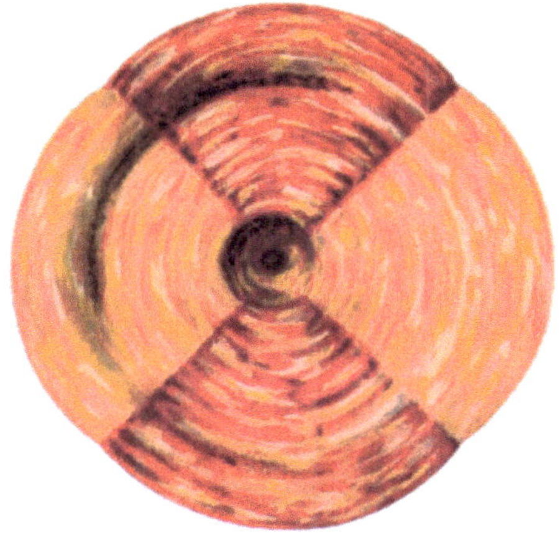

Abb. 2

Das macht den Eindruck, als sei es mit dem Zeichen des Kreuzes gekennzeichnet, und aus diesem Grund wird das Kreuz oft verwendet, um dieses Zentrum zu symbolisieren, und manchmal wird ein flammendes Kreuz genommen, um das Schlangenfeuer anzudeuten, das sich dort befindet.

Wenn dieses Chakra mit der nötigen Kraft arbeitet, ist seine Farbe feurig orange-rot, was eng mit der Art der Vitalität korrespondiert, die vom Milzzentrum zu ihm hinuntergesandt wird. Tatsächlich wird man feststellen, dass bei jedem Chakra eine entsprechende Übereinstimmung mit der Farbe seiner Vitalität zu erkennen ist.

Das Milz-Chakra

Das zweite Zentrum, das Milzzentrum, bei der Milz, ist der Spezialisierung, Unterteilung und Verteilung der Lebenskraft gewidmet, die von der Sonne zu uns kommt.

Diese Lebenskraft wird in sechs horizontalen Strömen ausgeströmt, wobei die siebte Art in die Nabe des Rades gezogen wird.

Abb. 3

Dieses Zentrum hat also sechs Blütenblätter oder Wellen, alle in verschiedenen Farben, und ist besonders strahlend, leuchtend und sonnenhaft. Jede der sechs Unterteilungen des Rades zeigt vorwiegend die Farbe einer Form der Lebenskraft — rot, orange, gelb, grün, blau und violett.

Das Nabel-Chakra

Abb. 4

Das dritte Zentrum, die Nabelzentrum, über dem Nabel oder Solarplexus, empfängt eine primäre Kraft mit zehn Ausstrahlungen, daher wird es durch seine Schwingungen in zehn Wellen oder Blütenblätter unterteilt. Sie ist sehr eng mit Gefühlen und Emotionen verschiedener Art verbunden. Die vorherrschende Farbe ist eine merkwürdige Mischung aus verschiedenen Rottönen, aber auch viel Grün ist enthalten. Die Abschnitte sind abwechselnd überwiegend rot und überwiegend grün.

Das Herz-Chakra

Abb. 5

Das vierte Zentrum, das Herz-Chakra, befindet sich über dem Herzen und ist von leuchtend goldener Farbe, und jeder seiner Quadranten ist in drei Teile unterteilt, wodurch es zwölf Wellenbewegungen besitzt, da seine Primärkraft zwölf Speichen bildet.

Das Hals-Chakra

Das fünfte Zentrum, das Kehlkopfzentrum, am Hals, hat sechzehn Speichen und damit sechzehn erkennbare Abteilungen.

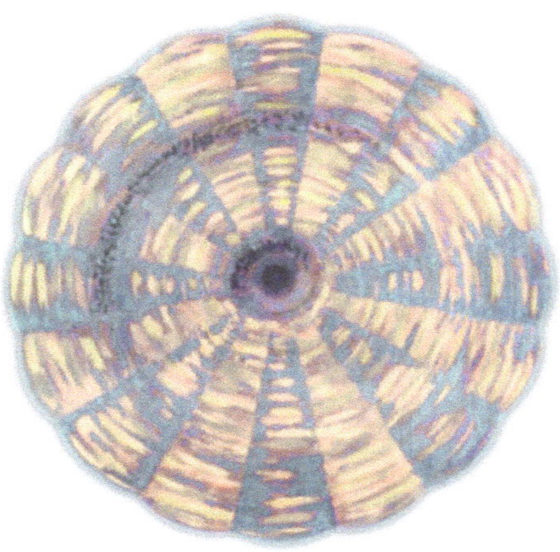

Abb. 6

Es ist viel Blau enthalten, aber der allgemeine Eindruck ist silbrig und schimmernd, ähnlich wie Mondlicht auf kräuselndem Wasser.

In seinen Feldern überwiegen abwechselnd Blau und Grün.

Das Stirn-Chakra

Das sechste Zentrum, das Stirn-Chakra, zwischen den Augenbrauen, scheint in zwei Hälften unterteilt zu sein, von denen die eine hauptsächlich rosafarben ist, wenn auch mit einem großen Anteil an Gelb, und die andere überwiegend von einer Art Violett-Blau ist.

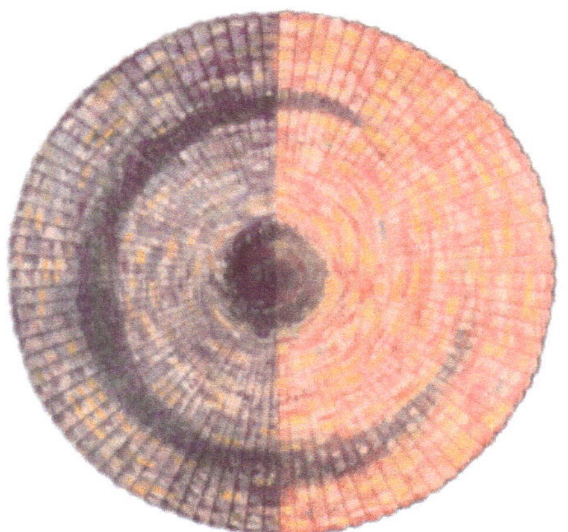

Abb. 7

Dies entspricht auch hier den Farben der besonderen Arten von Vitalität, die es beleben. Vielleicht ist das der Grund, warum dieses Zentrum in den indischen Büchern als ein Zentrum mit nur zwei Blütenblättern bezeichnet wird, obwohl wir, wenn wir die Wellen in der gleichen Art wie bei den vorhergehenden Zentren zählen, feststellen werden, dass jede Hälfte in achtundvierzig Felder unterteilt ist, was insgesamt sechsundneunzig ergibt, da seine primäre Kraft diese Anzahl von Ausstrahlungen besitzt.

Dieser plötzliche Sprung von 16 auf 96 Speichen und die noch verblüffendere Abweichung von 96 auf 972 Speichen zwischen diesem und dem nächsten Chakra zeigen uns, dass wir es jetzt mit Zentren einer ganz anderen Ordnung zu tun haben als mit denen, die wir bisher betrachtet haben.

Wir kennen noch nicht alle Faktoren, die die Anzahl der Speichen in einem Chakra bestimmen, aber es ist bereits offensichtlich, dass sie verschiedene Nuancen der Primärkraft darstellen.

Bevor wir mehr darüber sagen können, müssten Hunderte von Beobachtungen und Vergleichen gemacht, wiederholt und immer wieder überprüft werden.

Doch inzwischen ist so viel klar: Während die Bedürfnisse der Persönlichkeit durch eine begrenzte Anzahl von Krafttypen befriedigt werden können, stoßen wir, sobald wir es mit den höheren und permanenteren Prinzipien des Menschen zu tun haben, auf eine Komplexität, eine Vielfältigkeit, die eine weit größere Auswahl an Modifikationen der Energie für ihren Ausdruck erfordert.

Das Kronen-Chakra

Wenn das siebte Zentrum, das koronale, am Scheitel des Kopfes zu voller Aktivität erweckt wird, ist es das strahlendste von allen, voll von unbeschreiblichen farblichen Effekten und vibriert mit fast unvorstellbarer Schnelligkeit.

Es scheint alle Arten von Spektralfarben zu enthalten, ist aber im Großen und Ganzen überwiegend violett.

Abb. 8

In den indischen Büchern wird es als tausendblättrig beschrieben, und das kommt der Wahrheit tatsächlich sehr nahe, denn die Zahl der Ausstrahlungen seiner primären Kraft im äußeren Kreis beträgt neunhundertundsechzig.

Jede Linie dieses Chakras ist auf unserem Titelbild getreu wiedergegeben, obwohl es kaum möglich ist, den Eindruck der verschiedenen Blütenblätter wiederzugeben. Darüber hinaus hat es eine Besonderheit, die keines der anderen Chakren besitzt — eine Art untergeordneter zentraler Wirbel von schimmerndem Weiß, der in seinem Herzen von Gold durchflutet ist — eine kleinere Aktivität, die zwölf eigene Wellenbewegungen hat.

Dieses Chakra wird normalerweise als letztes erweckt.

Am Anfang ist es genauso groß wie die anderen, aber je weiter der Mensch auf dem Pfad des spirituellen Fortschritts voranschreitet, desto größer wird es, bis es fast die gesamte Oberseite des Kopfes bedeckt. Die Entwicklung wird von einer weiteren Besonderheit begleitet.

Abb. 9

Es ist zunächst eine Vertiefung im Ätherleib, wie alle anderen auch, weil durch es, wie durch die anderen, die göttliche Kraft von außen einströmt; aber wenn der Mensch seine Stellung als König des göttlichen Lichts verwirklicht, der alles um sich herum reichlich beschenkt, kehrt sich dieses Chakra um und dreht sich gleichsam von innen nach außen; es ist nicht mehr ein Kanal der Aufnahme, sondern der Ausstrahlung, nicht mehr eine Vertiefung, sondern eine Erhebung, die wie eine Kuppel aus dem Kopf herausragt, eine wahre Krone der Herrlichkeit.

In orientalischen Bildern und Statuen von Gottheiten oder großen Menschen wird diese Erhebung oft dargestellt.

In Abb. 9 ist sie links auf dem Kopf einer Statue des Buddha in Borobudur in Java zu sehen.

Dies ist die übliche Art der Darstellung, und in dieser Form findet man sie auf den Köpfen von Tausenden von Buddha-Darstellungen in der ganzen östlichen Welt.

In vielen Fällen wird man sehen, dass die beiden Ebenen des Sahasrara-Chakras abgebildet werden — zuerst die größere

Kuppel mit 960 Blütenblättern und dann die kleinere Kuppel mit 12 Blütenblättern, die wiederum daraus hervorgeht.

Der Kopf auf der rechten Seite ist der von Brahma aus dem Hokke-do des Todai-ji in Nara in Japan (aus dem Jahr 749 n. Chr.); und es ist zu sehen, dass die Statue einen Kopfschmuck trägt, der dieses Chakra darstellt, wenn auch in einer etwas anderen Form als bei der letzten Statue, weil sie den Flammenkranz zeigt, der daraus entspringt.

Das Chakra erscheint auch in der christlichen Symbolik, in Form der Kronen, die von den vierundzwanzig Ältesten getragen werden, die sie unaufhörlich vor dem Thron Gottes niederlegen. In einem hochentwickelten Menschen verströmt dieses Kronenchakra Glanz und Herrlichkeit, die ihm eine wahre Krone verleihen; und die Bedeutung dieser Schriftstelle ist, dass alles, was er errungen hat, all das großartige Karma, das er schafft, all die wunderbare geistige Kraft, die er erzeugt - all das legt er dem Logos unaufhörlich zu Füßen, damit es für sein Werk verwendet werde.

So kann er seine goldene Krone immer wieder niederwerfen, weil sie sich immer wieder neu formt, da die Kraft aus seinem Inneren aufsteigt.

Andere Berichte über die Zentren

Diese sieben Kraftzentren werden in der Sanskrit-Literatur, in einigen der kleineren Upanishaden, in den Puranas und in tantrischen Werken häufig beschrieben. Sie werden heute von vielen indischen Yogis verwendet.

Ein Freund, der mit dem inneren Leben Indiens vertraut ist, versichert mir, dass er eine Schule in diesem Land kennt, die

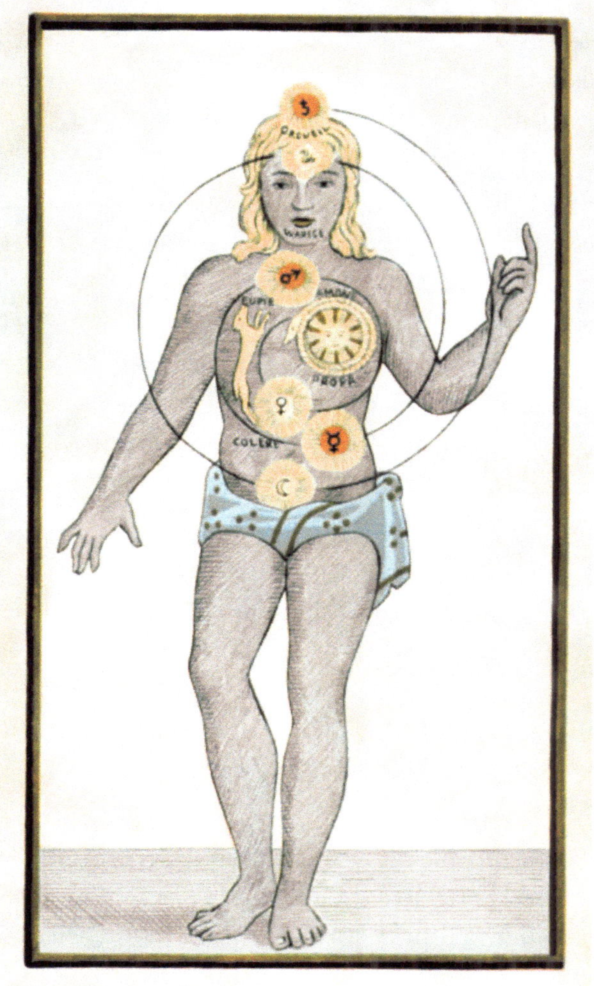

Abb. 10: Die Chakren nach Gichtel

die Chakren ganz selbstverständlich nutzen — eine Schule, die etwa sechzehntausend über ein großes Gebiet verstreute Menschen zu ihren Schülern zählt.

Es gibt viele interessante Informationen aus hinduistischen Quellen zu diesem Thema, die wir in einem späteren Kapitel zusammenfassen und kommentieren werden. Offenbar waren auch einige europäische Mystiker mit den Chakren vertraut.

Der Beweis dafür findet sich in einem Buch mit dem Titel Theosophia Practica des bekannten deutschen Mystikers Johann Georg Gichtel, eines Schülers von Jacob Böhme, der wahrscheinlich dem Geheimbund der Rosenkreuzer angehörte.

Dieses Buch wurde ursprünglich im Jahr 1696 herausgegeben, obwohl in der Ausgabe von 1736 gesagt wird, dass die Bilder, die in dem Band hauptsächlich beschrieben werden, erst etwa zehn Jahre nach dem Tod des Autors, 1710, gedruckt wurden.

Das Buch darf nicht mit einer Sammlung von Gichtels Korrespondenz verwechselt werden, die unter dem gleichen Titel „Theosophia Practica" veröffentlicht wurde; der vorliegende Band ist nicht in Form von Briefen abgefasst, sondern besteht aus sechs Kapiteln, die sich mit dem Thema der mystischen Wiedergeburt befassen, die eine so wichtige Lehre der Rosenkreuzer war.

Die Illustration, die wir hier wiedergeben, ist der französischen Übersetzung der „Theosophia Practica" entnommen, die 1897 in der Bibliotheque Rosicrucienne Nr. 4 von der Bibliotheque Chacornac, Paris, veröffentlicht wurde.

Gichtel, 1638 in Regensburg in Bayern geboren, studierte Theologie und Jura und war als Anwalt tätig; als er sich jedoch einer geistigen Welt im Innern bewusst wurde, gab er alle weltlichen Interessen auf und wurde zum Begründer einer mystischen christlichen Bewegung.

Da er sich der ignoranten Orthodoxie seiner Zeit widersetzte, zog er den Hass derer auf sich, die er angegriffen hatte, und wurde deshalb um 1670 verbannt und sein Besitz beschlagnahmt.

Er fand schließlich Zuflucht in Holland, wo er die restlichen vierzig Jahre seines Lebens verbrachte.

Die in seiner Theosophia Practica abgedruckten Figuren betrachtete er offenbar als geheim; sie blieben offenbar über viele Jahre hinweg dem kleinen Kreis seiner Schüler vorbehalten. Sie waren, so sagt er, das Ergebnis einer inneren Erleuchtung — vermutlich von dem, was wir heutzutage hellseherische Fähigkeiten nennen würden.

Auf der Titelseite seines Buches heißt es: „Eine kurze Darlegung der drei Prinzipien und Welten im Menschen, dargestellt in klaren Bildern, die zeigen, wie und wo sie ihre jeweiligen Zentren im inneren Menschen haben; entsprechend dem, was der Autor in göttlicher Kontemplation in sich selbst gefunden hat, und was er gefühlt, erprobt und wahrgenommen hat."

Wie den meisten Mystikern seiner Zeit fehlt es Gichtel jedoch an der Exaktheit, die den wahren Okkultismus und Mystizismus auszeichnen sollte; bei der Beschreibung der Figuren erlaubt er sich langatmige, wenn auch oft recht interessante Abschweifungen über die Schwierigkeiten und Probleme des geistigen Lebens.

Als Darstellung seiner Illustrationen ist sein Buch jedoch kein Erfolg. Vielleicht wagte er nicht, zu viel zu sagen, oder er wollte seine Leser dazu bringen, sich selbst ein Bild von dem zu machen, worüber er schrieb.

Es ist wahrscheinlich, dass er durch das wahrhaft spirituelle Leben, das er führte, genügend Hellsichtigkeit entwickelt hatte, um diese Chakren wahrzunehmen, dass er sich aber ihres wahren Charakters und ihrer Verwendung nicht bewusst war, so dass er bei seinen Versuchen, ihre Bedeutung zu erklären, die gängige Symbolik der mystischen Schule, der er angehörte, übernahm.

Er beschäftigt sich hier, wie wir sehen werden, mit dem natürlichen irdischen Menschen in einem Zustand der Dunkelheit, sodass er vielleicht eine Entschuldigung dafür hat, ein wenig pessimistisch in Bezug auf seine Chakren zu sein.

Das erste und das zweite lässt er unkommentiert (wohl wissend, dass sie sich hauptsächlich mit physiologischen Prozessen befassen), bezeichnet aber den Solarplexus als den Sitz des Zorns — was er ja auch ist.

Er sieht das Herzzentrum mit Selbstliebe erfüllt, die Kehle mit Neid und Geiz, und die höheren Zentren des Kopfes strahlen nichts anderes als Stolz aus.

Außerdem ordnet er den Chakren Planeten zu: den Mond dem Wurzel-Chakra, Merkur dem Milz-Chakra, Venus dem Nabel-Chakra, die Sonne dem Herz-Chakra (wobei sich eine Schlange um das Herzchakra windet), Mars dem Hals-Chakra, Jupiter dem Stirn-Chakra und Saturn dem Kronen-Chakra.

Er informiert uns weiter, dass das Feuer im Herzen, das Wasser in der Leber, die Erde in der Lunge und die Luft in der Blase wohnt. Es ist bemerkenswert, dass er eine Spirale zeichnet, die von einer um das Herz gewundenen Schlange ausgeht und alle Zentren der Reihe nach durchläuft; aber es scheint keinen eindeutigen Grund für die Reihenfolge zu geben, in der diese Linie sie berührt.

Die Symbolik des laufenden Hundes wird nicht erklärt, so dass es uns überlassen bleibt, sie nach eigenem Ermessen zu interpretieren.

Der Autor gibt später eine Illustration des durch Christus wiedergeborenen Menschen, der die Schlange vollständig zermalmt hat, während die Sonne durch das Heilige Herz ersetzt wurde, aus dem auf schaurige Weise Blut tropft.

Unser Interesse an diesem Bild liegt jedoch nicht in den Interpretationen des Autors, sondern in der Tatsache, dass es unmissverständlich zeigt, dass zumindest einige der Mystiker des 17. Jahrhunderts von der Existenz und der Position der sieben Zentren im menschlichen Körper wussten.

Weitere Belege für das frühe Wissen um diese Kraftzentren finden sich in den Ritualen der Freimaurerei, deren wesentliche Punkte uns aus alten Zeiten überliefert sind; die archäologische Monumente zeigen, dass diese Punkte im alten Ägypten bekannt waren und praktiziert wurden, und sie sind bis in die heutige Zeit getreu überliefert.

Sie sind unter den Geheimnissen der Freimaurer zu finden, die diese Zentren für den Anlass und den Zweck ihrer Arbeit stimulieren, obwohl sie im Allgemeinen wenig oder gar nichts von dem wissen, was jenseits des normalen Sehvermögens geschieht.

Weitere Erläuterungen sind hier natürlich nicht möglich, aber ich bin in „Das verborgene Leben in der Freimaurerei“ so weit wie möglich auf die Materie eingegangen.

Die Kräfte

Die primäre oder Lebens-Kraft

Die Gottheit strahlt verschiedene Formen von Energie aus; es mag Hunderte geben, von denen wir nichts wissen, aber einige wenige sind untersucht worden.

Jeder dieser Aspekte manifestiert sich in entsprechender Weise auf jeder Ebene, die unsere Schüler bisher erreicht haben; aber für den Moment wollen wir sie so betrachten, wie sie sich in der physischen Welt zeigen.

Eine von ihnen zeigt sich als Elektrizität, eine andere als Schlangenfeuer, eine andere als Vitalität und wieder eine andere als Lebenskraft, die etwas ganz anderes ist als Vitalität, wie wir gleich sehen werden. Geduldige und langwierige Bemühungen sind von dem Studenten erforderlich, der diese Kräfte bis zu ihrem Ursprung zurückverfolgen und sie zueinander in Beziehung setzen möchte.

Als ich in dem Buch „The Hidden Side of Things" die Antworten auf Fragen zusammenstellte, die in den vorangegangenen Jahren bei den Zusammenkünften in Adyar gestellt worden waren, wusste ich zwar von der Manifestation der Lebenskraft, der Kundalini und der Vitalität auf der physischen Ebene, aber noch nicht von ihrer Beziehung zu den Drei Ausströmungen, so dass ich sie als völlig verschieden und von ihnen getrennt beschrieb.

Weitere Nachforschungen haben es mir ermöglicht, diese Lücke zu schließen, und ich bin froh, dass ich nun die Gelegenheit habe, meine damalige falsche Aussage zu korrigieren. Es gibt drei Hauptkräfte, die durch die Chakren fließen, und wir können sie als repräsentativ für die drei Aspekte des Logos betrachten.

Die Energie, die wir in die glockenförmige Öffnung des Chakras einströmen sehen und die eine kreisförmige Sekundärkraft in Bezug auf sich selbst bildet, ist eine der Ausdrucksformen der Zweiten Ausströmung, die vom Zweiten Aspekt des Logos ausgeht — jenem Strom des Lebens, der von ihm in die Materie ausgesandt wird, welche bereits durch die Wirkung des Dritten Aspekts des Logos in der Ersten Ausströmung belebt wurde.

Dies wird symbolisiert, wenn in der christlichen Lehre gesagt wird, dass der Christus vom Heiligen Geist und der Jungfrau Maria Fleisch geworden ist (d.h. Gestalt annimmt).

Diese Zweite Ausströmung hat sich vor langer Zeit bis zu einem fast unendlichen Maße geteilt; sie hat sich nicht nur geteilt, sondern auch differenziert – so scheint es jedenfalls.

In Wirklichkeit ist dies mit ziemlicher Sicherheit nur die Maya oder Illusion, durch die wir die Wirkung wahrnehmen. Sie strömt durch zahllose Millionen von Kanälen und zeigt sich auf jeder Ebene und Unterebene unseres Systems, und doch ist sie im Grunde ein und dieselbe Kraft, die nicht einen Augenblick lang mit der Ersten Ausströmung verwechselt werden darf, die vor langer Zeit die chemischen Elemente erzeugte, aus denen diese Zweite Ausströmung das Material nimmt, aus dem ihre Vehikel auf allen Ebenen aufgebaut sind.

Es hat den Anschein, als ob einige seiner Erscheinungsformen niederer oder dichter wären, weil sie niedere und dichtere Materie verwenden; auf der buddhischen Ebene zeigt sie sich als das Christus-Prinzip, das sich allmählich und unmerklich in der Seele des Menschen entwickelt und entfaltet; im Astral- und Mentalkörper nehmen wir wahr, dass verschiedene Schichten der Materie durch sie belebt werden, so dass wir verschiedene Erscheinungsformen von ihr bemerken, die im höheren Teil des Astralkörpers in der Gestalt eines edlen Gefühls erscheinen und im niedrigeren Teil desselben Vehikels als bloßer Ansturm von Lebenskraft, der die Materie dieses Körpers energetisiert.

Wir beobachten, dass sie in ihrer niedrigsten Verkörperung einen Schleier aus ätherischer Materie um sich zieht und aus dem Astralkörper in die blütenartigen Kelche dieser Chakren strömt, die sich auf der Oberfläche des ätherischen Teils des physischen Körpers befinden.

Hier trifft sie auf eine andere Kraft, die aus dem Inneren des menschlichen Körpers aufsteigt — jene geheimnisvolle Kraft, die Kundalini oder das Schlangenfeuer genannt wird. Diese Kraft ist die Manifestation eines anderen der mannigfaltigen Aspekte der Energie des Logos auf der physischen Ebene, die zur Ersten Ausströmung gehört und die vom Dritten Aspekt ausgeht.

Sie existiert auf allen Ebenen, von denen wir wissen, aber im Moment beschäftigen wir uns mit ihrem Ausdruck in der ätherischen Materie. Sie ist weder in die bereits erwähnte Primär-Kraft noch in die von der Sonne stammende Lebenskraft umwandelbar, und sie scheint in keiner Weise von anderen Formen physischer Energie beeinflusst zu werden.

Ich habe gesehen, wie ein menschlicher Körper mit bis zu einer Million und einem Viertel Volt Elektrizität geladen wurde, so dass, wenn der Mann seinen Arm zur Wand streckte, riesige Flammen aus seinen Fingern schossen, wobei er nichts Ungewöhnliches fühlte, und auch nicht im Geringsten verbrannt wurde, es sei denn, er berührte tatsächlich einen äußeren Gegenstand; aber selbst diese enorme Energieentfaltung hatte keinerlei Wirkung auf das Schlangenfeuer.

Wir wissen seit vielen Jahren, dass es tief in der Erde das gibt, was man als Laboratorium des Dritten Logos bezeichnen könnte.

Wenn wir versuchen, die Bedingungen im Zentrum der Erde zu erforschen, finden wir dort eine gewaltige Sphäre von so enormer Kraft, dass wir uns ihr nicht nähern können.

Wir können nur ihre äußeren Schichten erkunden, aber schon dabei wird deutlich, dass sie mit der Kundalini im menschlichen Körper in einer Wechselbeziehung stehen.

In dieses Zentrum muss sich die Kraft des Dritten Logos vor langer Zeit ergossen haben, aber sie wirkt dort immer noch.

Dort ist Er mit der allmählichen Entwicklung neuer chemischer Elemente beschäftigt, die eine immer komplexere Form und ein immer energiereicheres inneres Leben oder eine immer kraftvollere Aktivität aufweisen.

Chemiestudenten kennen das von dem russischen Chemiker Mendeleff in der zweiten Hälfte des letzten Jahrhunderts entwickelte Periodensystem, in dem die bekannten chemischen Elemente in der Reihenfolge ihres Atomgewichts angeordnet sind, beginnend mit dem leichtesten, dem Wasserstoff, der ein Atomgewicht von 1 hat, und endend mit dem schwersten derzeit bekannten Element, dem Uran, das ein relatives Gewicht von 238,5 hat.

Bei unseren eigenen Untersuchungen haben wir festgestellt, dass diese Atomgewichte fast genau der Anzahl der Ur-Atome in jedem Element entsprechen; wir haben diese Zahlen in dem Werk „Okkulte Chemie" festgehalten, ebenso wie die Form und Zusammensetzung jedes Elements.

Die Formen, die wir mittels ätherischer Wahrnehmung der Elemente gefunden haben, deuten in den meisten Fällen — wie auch das Periodensystem — darauf hin, dass die Elemente in zyklischer Reihenfolge entstanden sind, dass sie nicht auf einer geraden Linie liegen, sondern auf einer aufsteigenden Spirale.

Uns wurde gesagt, dass die Elemente Wasserstoff, Sauerstoff und Stickstoff (die ungefähr die Hälfte der Erdkruste und fast die gesamte Atmosphäre ausmachen) gleichzeitig zu einem anderen und größeren Sonnensystem gehören, aber wir verstehen, dass der Rest der Elemente vom Logos unseres Systems entwickelt wurde.

Diese Spirale führt er jenseits des Urans fort, unter für uns unvorstellbaren Temperatur- und Druckbedingungen. Wenn neue Elemente entstehen, werden sie allmählich nach außen und nach oben an die Erdoberfläche gedrückt.

Die Kraft von Kundalini in unserem Körper kommt aus dem Laboratorium des Heiligen Geistes tief unten in der Erde. Sie gehört diesem gewaltigen, glühenden Feuer der Unterwelt an.

Dieses Feuer steht in starkem Gegensatz zu dem Feuer der Vitalität, das von der Sonne ausgeht, was im Folgenden erläutert wird.

Letzteres gehört der Luft und dem Licht und den weiten Räumen an; aber das Feuer, das von unten kommt, ist viel materieller, wie das Feuer von rot glühendem Eisen, von glühendem Metall.

Diese ungeheure Kraft hat etwas Schreckliches an sich; sie vermittelt den Eindruck, immer tiefer in die Materie hinabzusteigen, sich langsam, aber unaufhaltsam und mit unerbittlicher Sicherheit vorwärts zu bewegen.

Das Schlangenfeuer ist nicht der Teil der Energie des Dritten Logos, mit der er immer dichtere und dichtere chemische Elemente schafft. Es handelt sich eher um eine Weiterentwicklung dieser Kraft, die das lebendige Zentrum von Elementen wie dem Radium bildet.

Sie ist Teil der Auswirkungen des Lebens des Dritten Logos, nachdem es seinen tiefsten Punkt erreicht hat und wieder zu den Höhen aufsteigt, aus denen es gekommen ist.

Wir wissen seit langem, dass die zweite Lebenswelle, die vom Zweiten Logos ausgeht, durch das erste, zweite und dritte Elemental-Reich in die Materie hinabsteigt, bis hinunter zum Mineralreich, und dann wieder durch das Pflanzen- und Tierreich zum Menschenreich aufsteigt, wo es auf die nach unten reichende Kraft des Ersten Logos trifft.

Dies wird in Abb. 11 angedeutet, in der die ovale Kurve, die die zweite Ausströmung anzeigt, auf der linken Seite nach unten geht, ihren dichtesten Punkt am unteren Rand des Diagramms erreicht und dann in der Kurve auf der rechten Seite der Abbildung wieder ansteigt.

Wir stellen nun fest, dass auch die Kraft des Dritten Logos wieder aufsteigt, nachdem sie ihren tiefsten Punkt erreicht hat, so dass wir uns vorstellen müssen, dass die vertikale Linie in der Mitte der Abbildung auf dem gleichen Weg zurückkehrt.

Die Kundalini ist die Kraft dieser Ausströmung auf ihrem Weg der Rückkehr, und sie wirkt in den Körpern der sich entwickelnden Geschöpfe in engem Kontakt mit der bereits erwähnten primären Kraft, wobei beide zusammenwirken, um das Geschöpf an den Punkt zu bringen, an dem es die Ausströmung des Ersten Logos empfangen und ein Ego, ein menschliches Wesen, werden kann und die Fahrzeuge auch nach dem Tod weiterführt.

So empfangen wir Gottes mächtige Kraft sowohl von der Erde unter uns als auch vom Himmel über uns; wir sind

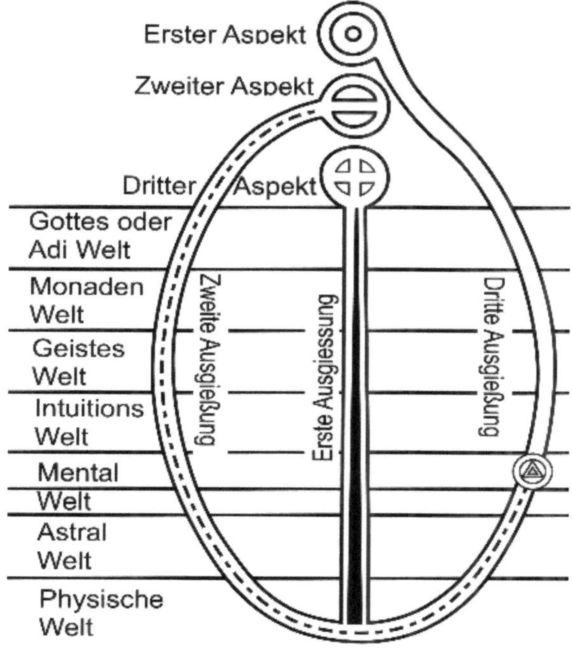

Abb. 11

sowohl Kinder der Erde als auch der Sonne. Diese beiden treffen sich in uns und wirken gemeinsam für unsere Entwicklung. Wir können die eine nicht ohne die andere haben, aber wenn die eine im Übermaß vorhanden ist, bestehen ernste Gefahren.

Daher ist es gefährlich, wenn sich die tieferen Bereiche des Schlangenfeuers entwickeln, bevor das Leben im Menschen rein und geläutert ist. Man hört viel von diesem seltsamen Feuer und von der Gefahr, es zu früh zu entfachen; und vieles von dem, was wir hören, ist zweifellos wahr.

Es ist in der Tat sehr gefährlich, die höheren Aspekte dieser wilden Energie in einem Menschen zu erwecken, bevor er die Kraft erlangt hat, sie zu kontrollieren, bevor er die Reinheit des Lebens und des Denkens erlangt hat, die allein es ihm ermöglichen kann, eine so gewaltige Kraft zu entfesseln.

Aber Kundalini spielt im täglichen Leben eine viel größere Rolle, als die meisten von uns bisher angenommen haben; es gibt eine weitaus niedrigere und sanftere Erscheinungsform von ihr, die bereits in uns allen wach ist, die nicht nur harmlos, sondern wohltuend ist und die Tag und Nacht die ihr zugedachte Arbeit verrichtet, während wir uns ihrer Anwesenheit und Aktivität völlig unbewusst sind.

Wir haben diese Kraft, die durch die Nerven fließt, natürlich schon früher wahrgenommen, und sie einfach Nervenflüssigkeit genannt, ohne sie als das zu erkennen, was sie wirklich ist.

Das Bemühen, sie zu analysieren und zu ihrer Quelle zurückzuverfolgen, zeigt uns, dass sie durch das Wurzelchakra in den menschlichen Körper eintritt.

Wie alle anderen Kräfte ist auch Kundalini selbst unsichtbar; aber im menschlichen Körper hüllt sie sich in ein seltsames Gebilde aus hohlen konzentrischen Sphären astraler und ätherischer Materie, die ineinander geschachtelt sind, wie die Kugeln eines chinesischen Puzzles.

Es gibt anscheinend sieben solcher konzentrischen Sphären, die im Wurzelchakra ruhen, in und um die letzte wirkliche Zelle oder des Hohlraums der Wirbelsäule nahe dem Steißbein; aber nur in der äußersten dieser Sphären ist die Kraft im gewöhnlichen Menschen aktiv.

In den anderen „schläft" sie, wie es in einigen orientalischen Büchern heißt; und erst wenn der Mensch versucht, die in diesen inneren Schichten schlummernde Energie zu erwecken, beginnen sich die gefährlichen Phänomene des Feuers zu zeigen.

Das harmlose Feuer der äußeren Hülle der Kugel fließt die Wirbelsäule aufwärts und benutzt dabei (soweit die Untersuchungen bis heute ergeben haben) die drei Kanäle von Sushumna, Ida und Pingala gleichzeitig.

Die drei Rückenmarkskanäle

Über diese drei Ströme, die im und um das Rückenmark eines jeden Menschen fließen, schreibt Madame Blavatsky in der Geheimlehre folgendes:

„Die Transhimalayische Schule ... verlegt Sushumna, den Hauptsitz dieser drei Nadis, in die mittlere Röhre des Rückenmarkes .... Ida und Pingala sind einfach die Erhöhung und Erniedrigung um je einen hallen Ton zu jenem *Fa* der menschlichen Natur, ... das, wenn in der richtigen Weise intoniert, die

Schildwachen zu beiden Seiten erweckt, das geistige Manas und den physischen Kama, und das niederere durch das höhere unterwirft".[1)]

„Der reine Akasha bewegt sich an Sushumna empor: seine zwei Aspekte strömen in Ida und Pingala. Das sind die drei Lebenswinde, und sie werden durch die Brähmanische Schnur symbolisiert. Sie werden vom Willen beherrscht. Wille und Begierde sind der höhere und der niedere Aspekt eines und desselben Dinges. Daher die Wichtigkeit der Reinheit der Kanäle; von Sushumna, Ida und Pingala aus fängt eine Zirkulation an, und geht von dem Zentralkanal in den ganzen Körper".[2)]

„Ida und Pingala spielen entlang der bogenförmigen Wand des Markes, worin Sushumna sich befindet. Sie sind halbmateriell, positiv und negativ, Sonne und Mond, und treiben den freien und geistigen Strom der Sushumna zur Tätigkeit an. Sie haben ihre eigenen bestimmten Pfade, sonst würden sie über den ganzen Körper ausstrahlen"."[3)]

In meinem Buch „Das verborgene Leben in der Freimaurerei" habe ich auf eine bestimmte freimaurerische Verwendung dieser Kräfte wie folgt hingewiesen:

Das Ziel der Freimaurerei ist es unter anderem, die Aktivität dieser Kräfte im menschlichen Körper zu stimulieren, um die Evolution zu beschleunigen.

Die Stimulierung wird in dem Moment angewandt, in dem der Meister vom Stuhl erschafft, empfängt und konstituiert; im ersten Grad wirkt sie auf Ida, den weiblichen Aspekt

1) „Die Geheimlehre" von H.P. Blavatsky, Band 3, S. 503
2) „Die Geheimlehre" von H.P. Blavatsky, Band 3, S. 537
3) „Die Geheimlehre" von H.P. Blavatsky, Band 3, S. 547

der Kraft, und erleichtert es dem Kandidaten, Leidenschaft und Emotionen zu kontrollieren; im zweiten Grad ist es Pingala, der männliche Aspekt, der gestärkt wird, um die Kontrolle des Verstandes zu erleichtern; aber im dritten Grad wird die zentrale Energie selbst, Sushumna, erweckt und öffnet so den Weg für den Einfluss des reinen höchsten Geistes.

Durch diesen Kanal der Sushumna verlässt der Yogi seinen physischen Körper nach Belieben auf eine Weise, die es ihm ermöglicht, das volle Bewusstsein auf höheren Ebenen zu behalten und eine klare Erinnerung an seine Erfahrungen in sein physisches Gehirn zurückzubringen.

Die nachstehenden kleinen Abbildungen geben einen ungefähren Eindruck von der Art und Weise, wie diese Kräfte durch den menschlichen Körper fließen; bei einem Mann beginnt Ida an der Basis der Wirbelsäule gleich links von Sushumna und Pingala auf der rechten Seite (damit meine ich die rechte und linke Seite des Mannes, nicht vom Betrachter aus gesehen); bei einer Frau sind diese Positionen umgekehrt. Die Kanäle enden in der Medulla oblongata.

Die Wirbelsäule wird in Indien Brahmadanaa, der Stab Brahmas, genannt; und die Zeichnung in Abb. 12(d) zeigt, dass sie auch das Urbild des Merkurstabes ist, dessen zwei Schlangen Kundalini oder das Schlangenfeuer symbolisieren, das in diesen Kanälen in Bewegung gesetzt werden soll, während die Flügel die Kraft des bewussten Fluges durch höhere Ebenen verkörpern, den die Entwicklung dieses Feuers mit sich bringt.

Abb. 12(a) zeigt die stimulierte Ida nach der Einweihung in den ersten Grad; diese Linie ist karminrot gefärbt. Dazu kommt beim Aufstieg in den zweiten Grad die gelbe Linie von Pingala, die in Abb. 12(b) dargestellt ist, und bei der Erhebung in den dritten Grad werden die beiden durch den tiefblauen Strom von Sushumna vervollständigt, wie in Abb. 12(c) dargestellt.

Kundalini, die normalerweise durch diese Kanäle nach oben fließt, wird während dieses Aufstiegs in zwei Beziehungen differenziert. Sie weist eine seltsame Mischung aus positiven und negativen Eigenschaften auf, die man fast als männlich und weiblich bezeichnen könnte.

Im Großen und Ganzen überwiegt der weibliche Aspekt, was vielleicht der Grund dafür ist, dass in den indischen Büchern immer von dieser Kraft als „sie“ gesprochen wird, und vielleicht auch dafür, dass eine bestimmte „Kammer im Herzen“, in der die Kundalini in einigen Yoga-Formen konzentriert wird, in „Die Stimme der Stille“ als die Heimat der Weltenmutter beschrieben wird.

Aber wenn dieses Schlangenfeuer aus seinem Sitz im Wurzelchakra austritt und die drei erwähnten Kanäle aufsteigt, ist es bemerkenswert, dass der Abschnitt, der durch den Kanal Pingala aufsteigt, fast gänzlich männlich ist, während derjenige, der durch Ida aufsteigt, fast gänzlich weiblich ist.

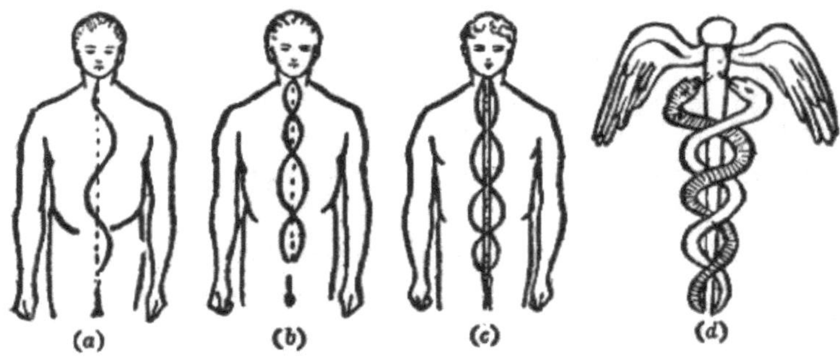

Abb. 12

Der große Strom, der durch Sushumna fließt, scheint seine ursprüngliche Beschaffenheit beizubehalten.

Die zweite Differenzierung, die während des Aufstiegs dieser Kraft durch die Wirbelsäule stattfindet, besteht darin, dass sie intensiv mit der Persönlichkeit des betreffenden Menschen imprägniert wird.

Sie scheint unten als eine sehr allgemeine Kraft einzutreten und oben als das Nervenfluidum dieses bestimmten Menschen auszuströmen, das den Stempel seiner besonderen Qualitäten und Eigenarten trägt, die sich in den Schwingungen jener Zentren der Wirbelsäule manifestieren, die als die Wurzeln betrachtet werden können, aus denen die Stängel der Chakren an der Oberfläche entspringen.

Die Vermählung der Kräfte

Obwohl sich die Öffnung der blütenartigen Glocke des Chakras auf der Oberfläche des Ätherkörpers befindet, entspringt der Stängel der trompetenartigen Blüte immer einem Zentrum im Rückenmark.

Wenn die Hindus von Chakren sprechen, beziehen sie sich fast immer auf diese Zentren in der Wirbelsäule und nicht auf deren Erscheinungsformen an der Oberfläche. Jedes äußere Chakra wird durch einen ätherischen Stängel, der meist nach abwärts gekrümmt ist, mit der Wurzel in der Wirbelsäule verbunden. (Siehe Abb. 13. S. 46)

Da die Stängel aller Chakren also vom Rückenmark ausgehen, fließt diese Kraft ganz natürlich durch diese Stängel hinunter in die Blütenglocken; hier trifft sie auf den einströmenden Fluss des göttlichen Lebens, und der Druck, der durch

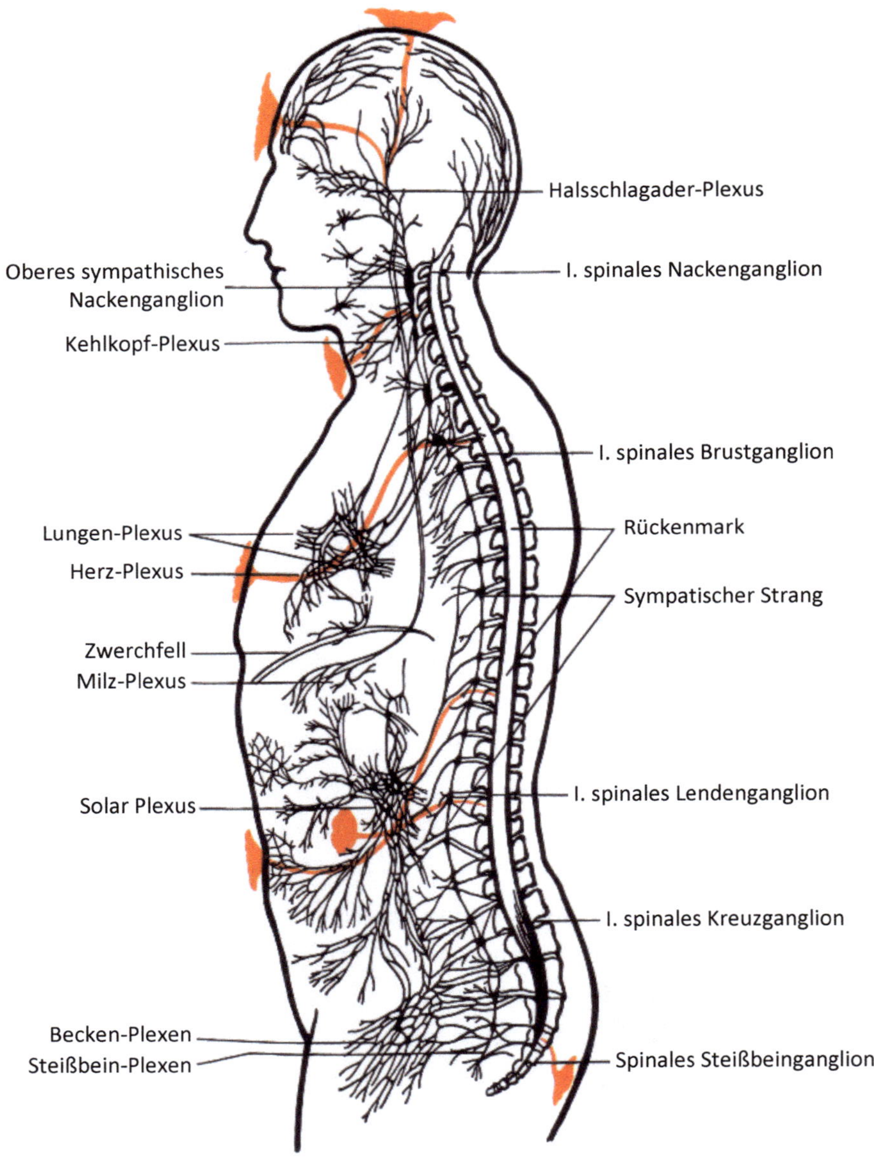

Abb. 13: Die Chakren und das Nervensystem

dieses Zusammentreffen entsteht, bewirkt die horizontale Ausstrahlung der vermengten Kräfte entlang der Speichen des Chakras.

Die Oberflächen der Ströme der primären Kraft und der Kundalini reiben sich an diesem Punkt, da sie in entgegengesetzte Richtungen rotieren und es entsteht ein erheblicher Druck. Dieser Vorgang wurde als „Vermählung" des göttlichen Lebens, das männlich ist, mit Kundalini, die immer als ausgesprochen weiblich angesehen wird, bezeichnet, und die daraus resultierende zusammengesetzte Energie ist das, was gemeinhin als persönlicher Magnetismus des Menschen bezeichnet wird; diese Energie belebt dann die Nervengeflechte, die sich in der Nähe einiger Chakren befinden; sie fließt entlang aller Nerven des Körpers und ist hauptsächlich für die Aufrechterhaltung seiner Temperatur verantwortlich.

Sie reißt die vom Milzchakra aufgenommene und spezialisierte Lebenskraft mit sich. Wenn die beiden Kräfte wie oben erwähnt zusammenwirken, kommt es zu einer gewissen Verflechtung einiger der jeweiligen Moleküle.

Die primäre Kraft scheint fähig zu sein, viele verschiedene Arten von ätherischen Formen einzunehmen; diejenige, die sie am häufigsten annimmt, ist ein Oktaeder, bestehend aus vier Atomen[1)], die in einem Quadrat angeordnet sind, mit einem zentralen Atom, das in der Mitte des Quadrates und im rechten Winkel dazu ständig auf und ab schwingt. Manchmal verwen-

1)Der Begriff "Atom", der hier und im weiteren Verlauf des Buches verwendet wird, bezieht sich nicht auf ein chemisches Atom, sondern auf die Grundform der Materie in der höchsten Unterebene jeder Ebene der Natur. In ähnlicher Weise bezieht sich der Begriff "Molekül" auf eine Gruppierung solcher Atome, ähnlich wie chemische Atome chemische Moleküle bilden.

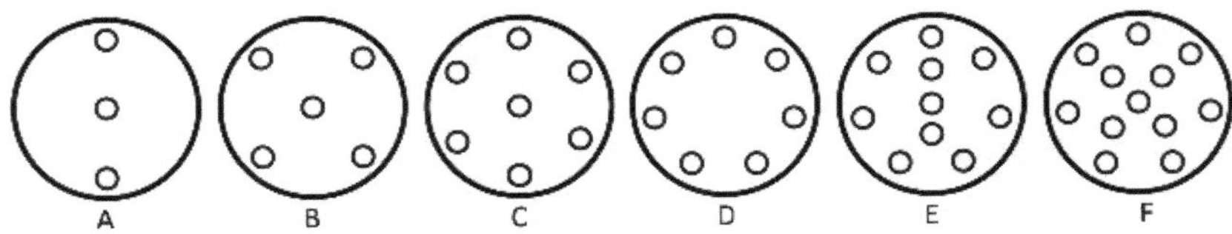

Abb. 14

det es auch ein äußerst aktives kleines Molekül, das aus drei Atomen besteht.

Kundalini hüllt sich gewöhnlich in einen flachen Ring aus sieben Atomen, während das Vitalitätskügelchen, das ebenfalls aus sieben Atomen besteht, diese auf eine Weise anordnet, die der der Primär-Kraft nicht unähnlich ist, nur dass es ein Sechseck statt eines Quadrats bildet. Abb. 14 mag dem Leser helfen, sich diese Anordnungen vorzustellen.

A und B sind die Formen, die die primäre Kraft annimmt, C ist die Form, die das Vitalitätskügelchen annimmt, und D die der Kundalini.

E zeigt die Wirkung der Kombination von A und D, F die von B und D.

In A, B und C befindet sich das mittlere Atom ständig in schneller Vibration im rechten Winkel zur Oberfläche des Papiers, wobei es sich von diesem bis zu einer Höhe erhebt, die größer ist als der Durchmesser des Kreises, und dann bis zum gleichen Abstand unter das Papier sinkt, wobei es diese pendelartige Bewegung mehrmals in einer Sekunde wiederholt.

(Es versteht sich von selbst, dass dies relativ und nicht wörtlich gemeint ist; in Wirklichkeit ist die Kugel, die die Kreisscheibe darstellt, so winzig, dass sie selbst für das stärkste Mikroskop unsichtbar ist; aber im Verhältnis zu dieser Größe ist ihre Schwingung so, wie ich sie beschreibe).

In D ist die einzige Bewegung eine gleichmäßige Bewegung im Kreis, aber es gibt dort eine immense Menge an latenter Energie, die sich manifestiert, sobald die Kombinationen stattfinden, die wir in E und F zu illustrieren versucht haben.

Die beiden positiven Atome in A und B setzen, wenn sie auf diese Weise kombiniert werden, ihre früheren heftigen Aktivitäten fort — ihre Kraft wird sogar noch erheblich verstärkt; während die Atome in D, obwohl sie sich immer noch auf derselben Kreisbahn bewegen, ihre Geschwindigkeit so enorm beschleunigen, dass sie nicht mehr als einzelne Atome sichtbar sind und als glühender Ring erscheinen.

Die ersten vier oben dargestellten Moleküle gehören zu dem Typus, dem Annie Besant in der „Okkulten Chemie" den Namen Hyper-meta-proto-elementare Materie gibt. Sie könnten sogar mit einigen der von ihr in diesem Buch gezeichneten Bilder identisch sein.

Da E und F jedoch Zusammensetzungen sind, muss davon ausgegangen werden, dass sie auf der nächsten Unterebene arbeiten, die Annie Besant als überätherisch bezeichnet, und würden als „Metaproto-Materie" eingestuft werden.

Typ B ist weitaus häufiger als Typ A, und daraus folgt natürlich, dass wir im Nervenfluidum, welches das Endergebnis der Vereinigung von beiden ist, eine größere Anzahl von F und E finden.

Dieses Nervenfluid ist also ein Strom verschiedener Elemente, in dem jeder der in Abb. 12 gezeigten Typen vorkommt — einfache und zusammengesetzte, verheiratete und alleinstehende, männliche und weibliche Junggesellen und Ehepaare, die alle gemeinsam vorwärts strömen.

Die erstaunlich energische Auf- und Abwärtsbewegung des zentralen Atoms in den Kombinationen E und F verleiht ihnen eine recht ungewöhnliche Form innerhalb ihrer Magnetfelder, wie in Abb. 15 dargestellt. Die obere Hälfte davon scheint mir eine bemerkenswerte Ähnlichkeit mit dem Lingam zu haben, der häufig vor den Shiva-Tempeln in Indien zu sehen ist.

Mir wurde gesagt, dass der Lingam ein Symbol der schöpferischen Kraft ist, und die indischen Gläubigen glauben, dass er sich in gleichem Maße nach unten in die Erde erstreckt, wie er sich über sie erhebt.

Ich habe mich gefragt, ob die alten Hindus von diesem besonders aktiven Molekül wussten und von der immensen Bedeutung, die es bei der Aufrechterhaltung des menschlichen und tierischen Lebens spielt; und ob sie ihr Symbol in Stein gemeißelt haben, um ihr okkultes Wissen festzuhalten.

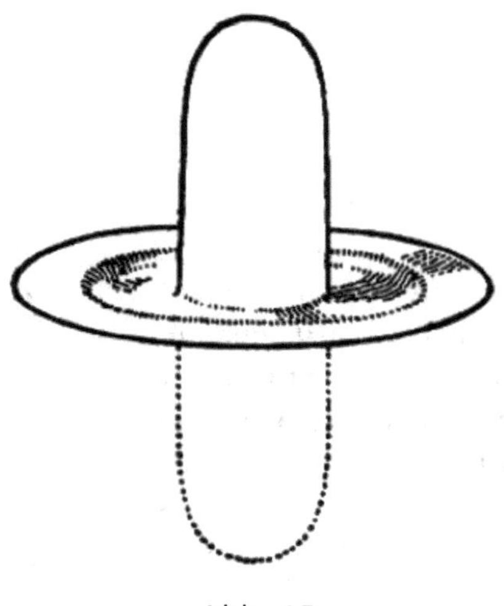

Abb. 15

Das sympathische Nervensystem

Anatomen beschreiben zwei Nervensysteme im menschlichen Körper — das zerebro-spinale und das sympathische.

Das Zerebro-Spinale beginnt im Gehirn, setzt sich im Rückenmark fort und verzweigt sich über die Ganglien, von denen — jeweils zwischen zwei aufeinanderfolgenden Wirbeln — Nerven ausgehen, in alle Teile des Körpers.

Das sympathische System besteht aus zwei Strängen, die fast über die gesamte Länge der Wirbelsäule verlaufen und rechts und links etwas vor ihrer Achse liegen. Von den Ganglien dieser beiden Stränge, die nicht ganz so zahlreich sind wie jene des Rückenmarks, gehen die sympathischen Nerven aus und bilden die netzartigen Systeme, die Plexus genannt werden, von denen wiederum, wie von Relaisstationen, kleinere Endganglien und Nerven ausgehen.

Diese beiden Systeme sind jedoch in vielfältiger Weise durch so viele verbindende Nerven miteinander verknüpft, dass man sie nicht als zwei getrennte neuronale Organisationen betrachten darf. Darüber hinaus gibt es eine dritte Gruppe, die Vagusnerven, die in der Medulla oblongata entspringen und unabhängig weit in den Körper hinabreichen, wobei sie sich ständig mit den Nerven und Geflechten der anderen Systeme vermischen.

Das Rückenmark, der linke sympathische Strang und der linke Vagusnerv sind in Abb. 13 dargestellt.

Sie zeigt die nervlichen Verbindungen zwischen den spinalen und sympathischen Ganglien und die Kanäle, durch die die Nerven aus letzteren austreten und die Hauptgeflechte des sympathischen Systems bilden.

Es ist festzustellen, dass die Plexusgeflechte die Tendenz haben, von den Ganglien abzuhängen, aus denen sie entspringen, so dass z. B. der Plexus coeliacus oder Solarplexus weitgehend von dem großen Nervus splanchnicus abhängt (Eingeweidenerv), der auf unserer Abbildung aus dem fünften thorakalen sympathischen Ganglion (Brustganglion) entspringt, das wiederum mit dem vierten thorakalen Spinalganglion (spinales Brustganglion) verbunden ist.

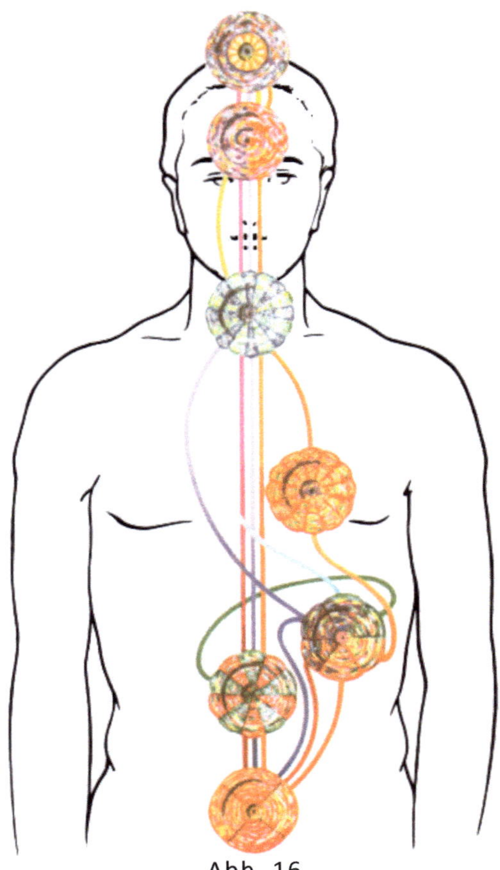

Abb. 16

Dieser liegt horizontal fast auf der Höhe des Herzens, aber der Nerv verläuft abwärts und vereinigt sich mit den kleineren und kleinsten splanchnischen Nerven (Eingeweidenerven), die von den unteren Brustganglien ausgehen, dort durch das Zwerchfell verlaufen und zum Solarplexus führen.

Es gibt auch andere Verbindungen zwischen diesem Plexus und den Strängen, die auf der Abbildung angedeutet werden, aber zu kompliziert sind, um sie zu beschreiben.

Die Hauptnerven, die zum Herzplexus führen, verlaufen in ähnlicher Weise nach unten.

Im Falle des Plexus pharyngeus (Kehlkopfplexus) gibt es nur eine leichte Neigung, und der Plexus carotis (Geflecht bei der Halsschlagader) steigt sogar aus dem Nervus carotis internus (innerer Halsschlagadernerv) nach oben, der wiederum dem oberen zervikalen sympathischen Ganglion (Halsganglion) entspringt.

Die Zentren in der Wirbelsäule

Der ätherische Stengel, der die Blüten oder Chakren auf der Oberfläche des Ätherkörpers mit den entsprechenden Zentren in der Wirbelsäule verbindet, weist ein ähnliches Gefälle auf, wie auf Abb. 16 in roter Farbe dargestellt und in Tabelle II beschrieben.

Die strahlenförmigen Speichen der Chakren versorgen diese sympathischen Plexen mit Kraft, um sie bei ihrer weiterleitenden Arbeit zu unterstützen; beim gegenwärtigen Stand unseres Wissens scheint es mir voreilig, die Chakren mit den Plexen zu identifizieren, wie es einige Autoren getan zu haben scheinen.

Name des Chakras	Lage an der Oberfläche	Ungefähre Lage des Wirbelsäulenchakras	Symphatische Geflechte	Wichtigste Nebengeflechte
Wurzel	Basis der Wirbelsäule	4. Kreuzganglion	Steißbeinge-flecht	
Milz	Über der Milz	1. Lendenganglion	Milzgeflecht	
Nabel	Über dem Nabel	8. Brustganglion	Bauch- oder Sonnenge-flecht	Leber-, Pförtner-, Magen- Gekröse-geflecht, usw.
Herz	Über dem Herzen	8. Nackenganglion	Herzgeflecht	Geflechte der Lungen, Herz-kranzgefäße, usw.
Hals	Am Hals	2. Nackenganglion	Kehlkopfge-flecht	
Stirn	Bei den Augenbrauen	1. Nackenganglion	Halsschlaga-dergeflecht	Kavernöse- und Kopfganglien im Allgemeinen

Table II

Die Unterleibs- oder Beckengeflechte sind zweifellos in irgendeiner Weise mit dem Swadhisthana-Chakra verbunden, das sich in der Nähe der Zeugungsorgane befindet und in indischen Büchern erwähnt wird, aber in unserem Entwicklungsschema nicht verwendet wird.

Die in dieser Region versammelten Geflechte sind wahrscheinlich dem Sonnengeflecht weitgehend untergeordnet, was die bewusste Aktivität betrifft, da sie und das Milzgeflecht durch zahlreiche Nerven sehr eng mit ihm verbunden sind. Das Kronenchakra ist nicht mit einem der Sympathikusgeflechte des physischen Körpers verbunden, sondern mit der Zirbeldrüse und der Hypophyse, wie wir in Kapitel IV sehen werden.

Es steht auch im Zusammenhang mit der Entwicklung des Gehirns und des Nervensystems der Wirbelsäule. Über den Ursprung des sympathischen und des zerebro-spinalen Systems und ihre Beziehungen zueinander schreibt Annie Besant in ihrem Buch „Eine Studie über das Bewusstsein“ folgendes:

„Doch wir wollen nach dieser Abschweifung zum Menschenreich zurückkehren und betrachten, wie der Aufbau des Nerven-Systems, durch die Schwingungs-Antriebe vom Astralen aus beginnt und weiter fortschreitet. Wir finden eine kleine Gruppe von Nervenzellen mit winzigen Auswüchsen, die sie verbinden.

Diese Gruppe ist durch die Tätigkeit eines Zentrums entstanden, das zuerst im Astralkörper auftrat, — und von welchem bald noch die Rede sein wird, — eine Ansammlung von Astral-Materie zum Zweck der Bildung eines Zentrums, um Antriebe von außen zu empfangen und sie zu beantworten. Von diesem astralen Zentrum gehen Schwingungen zum ätherischen Körper über, rufen dort kleine ätherische Wirbel hervor, die Teilchen dichter physischer Materie in sich hineinziehen und schließlich eine Nervenzelle bilden und Gruppen von Nervenzellen.

Diese physischen Zentren empfangen Schwingungen von der Außenwelt und senden diese Antriebe weiter zu den astralen Zentren und verstärken dadurch deren Schwingungen; so wirken die physischen und astralen Zentren gegenseitig aufeinander ein, und beide werden komplizierter und wirkungsvoller.

Wenn wir im Tierreich hinaufsteigen, finden wir das physische Nervensystem sich fortwährend vervollkommnen und mehr und mehr zum herrschenden Faktor im Körper werden; dies zuerst entstandene System wird in den Wirbeltieren zum sympathischen System, das die Lebens-Organe beherrscht und belebt, — das Herz, die Lungen, die Verdauungswerkzeuge; neben diesen entwickelt sich langsam das Zerebro-Spinal-System (Gehirn- und Rückenmarksystem), das in seiner Betätigung auf niederer Stufe eng mit dem sympathischen verbunden ist; allmählich aber nimmt es eine immer mehr herrschende Stellung ein, während es zugleich in seiner wichtigsten Entwicklung das normale Werkzeug für den Ausdruck des *wachen Bewusstseins* wird. Dies Zerebro-Spinal-System entsteht durch die Antriebe, die vom Mentalen ausgehen, nicht vom Astralen, und es ist nur indirekt — durch das sympathische System, das ja im Astralen seinen Ursprung hat, — mit dem Astralen verbunden.[1)]

Die Vitalität

Wir alle kennen das Gefühl der Freude und des Wohlbefindens, das uns das Sonnenlicht schenkt, aber nur Studenten des Okkultismus sind sich der Gründe dafür voll bewusst. So wie die Sonne ihr System mit Licht und Wärme durchflutet, so strömt sie unaufhörlich eine andere, von der modernen Wissenschaft bisher ungeahnte Kraft aus — eine Kraft, der man den Namen „Vitalität“ gegeben hat.

Sie wird auf allen Ebenen ausgestrahlt und manifestiert sich in jedem Bereich — dem physischen, dem emotionalen, dem mentalen und den übrigen —, aber wir befassen uns im Moment besonders mit ihrem Auftreten im untersten Bereich, wo sie in einzelne physische Atome eindringt, ihre Aktivität immens steigert und sie belebt und leuchten lässt.

Man darf diese Kraft nicht mit der Elektrizität verwechseln, auch wenn sie ihr in mancher Hinsicht ähnelt, denn ihre

---

1) A. Besant. „Eine Studie über das Bewusstsein“, Verlag Heliakon, S. 95

Wirkung unterscheidet sich in vielerlei Hinsicht von derjenigen der Elektrizität, des Lichts oder der Wärme.

Manche Varianten dieser letzteren Kraft versetzen das Atom als Ganzes in Schwingung — eine Schwingung, deren Ausmaß im Vergleich zur Größe des Atoms enorm ist; aber diese andere Kraft, die wir Vitalität nennen, erreicht das Atom nicht von außen, sondern von innen.

Das Vitalitätskügelchen

Das Atom selbst ist nichts anderes als die Manifestation einer Kraft; die Sonnengottheit will eine bestimmte Form, die wir ein physisches Uratom nennen (Abb. 17), und durch diese Anstrengung ihres Willens werden etwa vierzehntausend Millionen „Blasen im Koilon (Äther)“ in dieser besonderen Form gehalten.

Es ist notwendig, die Tatsache zu betonen, dass der Zusammenhalt der Blasen in dieser Form vollständig von dieser Willensanstrengung abhängt; würde diese für einen einzigen Augenblick weggenommen, müssten die Blasen wieder auseinanderfallen, und die gesamte physische Welt würde sehr schnell einfach aufhören zu existieren.

So wahr ist es, dass die Welt selbst von diesem Standpunkt aus nichts als eine Illusion ist, ganz zu schweigen von der Tatsache, dass die Blasen, aus denen das Atom aufgebaut ist, selbst nur Löcher in Koilon sind, dem wahren Äther des Raumes.

Es ist also die ständig ausgeübte Willenskraft der Sonnengottheit, die das Atom als solches zusammenhält; und wenn wir versuchen, die Wirkung dieser Kraft zu untersuchen, sehen wir, dass sie nicht von außen in das Atom eindringt, sondern in ihm

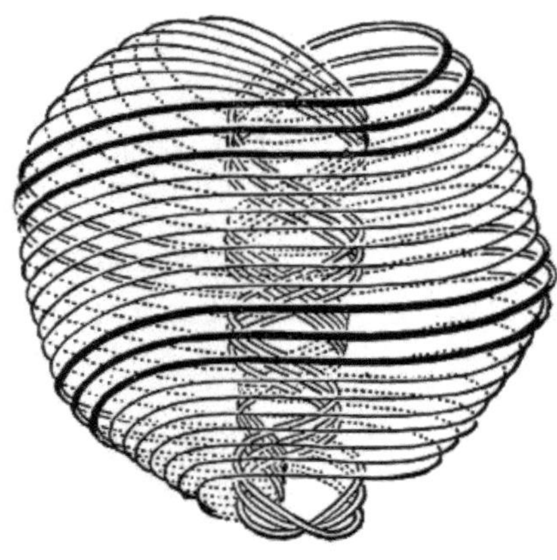

Abb. 17

aufsteigt — was bedeutet, dass sie aus höheren Dimensionen eintritt.

Dasselbe gilt für diese andere Kraft, die wir Vitalität nennen; sie dringt von innen in das Atom ein, zusammen mit der Kraft, die das Atom zusammenhält, anstatt von außen auf das Atom einzuwirken, wie es bei den anderen Kraftarten der Fall ist, die wir Licht, Wärme oder Elektrizität nennen.

Wenn die Vitalität auf diese Weise in einem Atom aufsteigt, verleiht sie ihm ein zusätzliches Leben und verleiht ihm eine Anziehungskraft, so dass es sofort sechs andere Atome um sich herum anzieht, die es in einer bestimmten Form anordnet und so ein subatomares oder Hyper-Meta-Proto-Element bildet, wie bereits erwähnt. Aber dieses Element unterscheidet sich von allen anderen, die bisher beobachtet wurden, dadurch, dass die Kraft, die es erschafft und zusammenhält, vom Ersten Aspekt der Sonnengottheit kommt und nicht vom Dritten.

Dieses Vitalitätskügelchen (Abb. 14c) ist die kleine Anhäufung, die das extrem helle Körnchen in der männlichen oder positiven Schlange des chemischen Elements Sauerstoff bildet und auch das Herz des zentralen Kerns des Radiums ist.

Diese Kügelchen fallen vor allen anderen, die in der Atmosphäre schweben, durch ihre Leuchtkraft und ihre extreme Aktivität auf — durch das intensive Leben, das sie aufweisen.

Dies sind wahrscheinlich die feurigen Leben, die Madame Blavatsky so oft erwähnt, wie zum Beispiel in „Die Geheimlehre", Band I, S. 306, wo sie schreibt:

„Man lehrt uns, dass jede physiologische Veränderung, nicht nur die pathologischen Phänomene, dass Krankheiten - ja, das Leben selbst, oder vielmehr die gegenständlichen Erscheinungen des Lebens, die durch gewisse Bedingungen und Veränderungen in den Geweben des Körpers hervorgebracht werden, welche es dem Leben gestatten und dasselbe zwingen, in diesem Körper zu wirken — dass alles dieses jenen unsichtbaren „Schöpfern" und „Zerstörern" zuzuschreiben ist, welche auf so ungenaue und verallgemeinernde Art Mikroben genannt werden. Man könnte annehmen, dass diese feurigen Leben und die Mikroben der Wissenschaft ein und dasselbe sind. Das ist nicht wahr. Die feurigen Leben sind die siebente und höchste Unterabteilung auf der Ebene des Stoffs und entsprechen im Individuum dem Einen Leben des Weltalls, obwohl bloß auf dieser Ebene des Stoffs."

Die Kraft, die diese Kügelchen belebt, ist zwar eine ganz andere als die des Lichts, aber sie scheint dennoch vom Licht abhängig zu sein, um sich zu manifestieren.

Bei strahlendem Sonnenschein sprudeln diese Lebenskräfte ständig von neuem auf, und die Kügelchen entstehen mit großer Schnelligkeit und in unglaublicher Zahl, aber bei bewölktem Wetter nimmt die Zahl der gebildeten Kügelchen stark ab, und während der Nacht ist der Vorgang, soweit wir es beobachten konnten, völlig eingestellt.

Man kann also sagen, dass wir in der Nacht von den Vorräten leben, die im Laufe der vorangegangenen Tage erzeugt wurden, und obwohl es praktisch unmöglich erscheint, dass diese Vorräte jemals vollständig erschöpft werden, sind sie bei einer langen Abfolge von wolkigen Tagen offensichtlich geringer.

Das einmal aufgeladene Kügelchen bleibt als subatomares Element bestehen und unterliegt keinerlei Veränderung oder Kraftverlust, es sei denn, es wird von einem Lebewesen absorbiert.

Die Zufuhr von Vitalitätskügelchen

Wie Licht und Wärme strömt auch die Lebenskraft unaufhörlich von der Sonne aus, aber häufig entstehen Hindernisse, die verhindern, dass die volle Energiemenge die Erde erreicht.

In den winterlichen und trüben Gebieten, die man fälschlicherweise als gemäßigt bezeichnet, kommt es allzu oft vor, dass der Himmel tagelang von einer schweren Wolkendecke bedeckt ist, die die Lebenskraft ebenso beeinträchtigt wie das Licht.

Der Durchfluss wird zwar nicht gänzlich verhindert, aber spürbar vermindert. Bei trübem und dunklem Wetter sinkt daher die Lebenskraft, und alle Lebewesen sehnen sich instinktiv nach Sonnenlicht.

Wenn die vitalisierten Atome auf diese Weise spärlicher ausgestreut werden, steigert der gesunde Mensch seine Absorptionskraft, nutzt einen größeren Bereich und hält so seine Kraft auf dem normalen Niveau; aber Kranke und Menschen mit geringer Nervenkraft, die dazu nicht in der Lage sind, leiden oft schwer und werden immer schwächer und reizbarer, ohne zu wissen warum.

Aus ähnlichen Gründen ist die Vitalität im Winter geringer als im Sommer, denn selbst wenn der kurze Wintertag sonnig ist, was selten vorkommt, müssen wir der langen und trostlosen Winternacht trotzen, in der wir von der Vitalität leben müssen, die tagsüber in unserer Atmosphäre gespeichert wurde.

Andererseits lädt der lange Sommertag, wenn er hell und wolkenlos ist, die Atmosphäre so sehr mit Vitalität auf, dass die kurze Nacht nur wenig Einfluss hat.

Aus dem Studium dieser Frage der Vitalität muss der Okkultist zwangsläufig erkennen, dass das Sonnenlicht, ganz abgesehen von der Temperatur, einer der wichtigsten Faktoren für die Erlangung und Erhaltung einer vollkommenen Gesundheit ist — ein Faktor, dessen Fehlen durch nichts anderes vollständig kompensiert werden kann.

Da sich diese Vitalität nicht nur auf die physische Welt, sondern auch auf alle anderen Bereiche auswirkt, ist es offensichtlich, dass Emotionen, Intellekt und Spiritualität bei klarem Himmel und mit der unschätzbaren Hilfe des Sonnenlichts optimal zur Geltung kommen, wenn in den anderen Bereichen zufriedenstellende Bedingungen gegeben sind.

Psychische Kräfte

Die drei bereits erwähnten Kräfte — die Primärkraft, die Vitalität und Kundalini — stehen nicht direkt mit dem mentalen und emotionalen Leben des Menschen in Verbindung, sondern nur mit seinem körperlichen Wohlbefinden.

Es gibt aber auch Kräfte, die in die Chakren einströmen, die man als psychisch und spirituell bezeichnen kann.

Für die ersten beiden Zentren gilt das nicht, aber das Nabelchakra und die anderen, die höher im Körper liegen, sind Eintrittspforten für Kräfte, die das menschliche Bewusstsein beeinflussen.

In einem Artikel über Gedankenzentren in dem Buch „Das innere Leben“ habe ich erklärt, dass Gedankenmassen ganz bestimmte Dinge sind, die einen Platz im Raum einnehmen. Gedanken über dasselbe Thema und von gleichem Charakter neigen dazu, sich zu verdichten; deshalb gibt es für viele Themen ein Gedankenzentrum, einen bestimmten Raum in der Atmosphäre, und andere Gedanken über dieselbe Sache werden von einem solchen Zentrum angezogen und vergrößern dessen Ausmaß und Einfluss.

Auf diese Weise kann der Denker dazu beitragen, ein mentales Zentrum zu fördern, wird aber seinerseits von diesem beeinflusst, und das ist einer der Gründe, warum Menschen in Schafherden denken.

Es ist für einen geistig trägen Menschen viel einfacher, einen vorgefertigten Gedanken von anderen zu übernehmen, als die mentale Arbeit auf sich zu nehmen, die verschiedenen Aspekte eines Themas abzuwägen und zu einer eigenen Entscheidung zu gelangen.

Das gilt auf der mentalen Ebene für die Gedanken und — mit entsprechenden Modifikationen — auf der astralen Ebene für die Gefühle.

Die Gedanken rasen wie Blitze durch die subtile Materie der Mentalebene, so dass sich die Gedanken der ganzen Welt zu einem bestimmten Thema leicht an einem Ort versammeln können und dennoch für jeden, der über dieses Thema nachdenkt, zugänglich sind und anziehend wirken.

Die astrale Materie ist zwar weitaus feiner als die physische, aber dennoch dichter als die der mentalen Ebene; die großen Wolken von „Gefühlsformen", die in der Astralwelt durch starke Gefühle erzeugt werden, fließen nicht alle zu einem Weltzentrum, aber sie verschmelzen mit anderen Formen derselben Art in ihrer Umgebung, so dass fast überall riesige und sehr mächtige „Gebilde" von Gefühlen umherschweben, mit denen ein Mensch leicht in Berührung kommen und von ihnen beeinflusst werden kann.

Der Zusammenhang zu unserem hier behandelten Thema liegt darin, dass eine solche Beeinflussung durch das eine oder andere Chakra erfolgt.

Um zu veranschaulichen, was ich meine, betrachten wir das Beispiel eines Menschen, der von Angst erfüllt ist. Diejenigen, die das Buch „Der sichtbare und der unsichtbare Mensch" gelesen haben, werden sich daran erinnern, dass der Zustand des Astralkörpers eines solchen Menschen dort in Tafel XIV dargestellt ist.

Die Schwingungen, die ein Astralkörper in diesem Zustand ausstrahlt, ziehen sofort alle Angstwolken an, die sich zufällig in der Nähe befinden; wenn der Mensch sich schnell besinnen und seine Angst beherrschen kann, werden sich die

Wolken mürrisch zurückziehen. Wenn aber die Angst bestehen bleibt oder zunimmt, werden sie ihre angesammelte Energie durch sein Nabelchakra entladen, und die Angst kann zu einer wahnsinnigen Panik werden, in der er völlig die Kontrolle über sich selbst verliert und blindlings in jede Art von Gefahr stürzt.

Ebenso zieht jemand, der die Beherrschung verliert, Wolken des Zorns an und macht sich anfällig für einen Zustrom von Gefühlen, die seine Empörung in wahnsinnige Wut verwandeln — ein Zustand, in dem er aus einem unwiderstehlichen Impuls heraus einen Mord begehen könnte, fast ohne es zu wissen.

Ebenso kann ein Mensch, der sich der Depression hingibt, in einen schrecklichen Zustand ständiger Melancholie geraten; oder jemand, der sich von tierischen Begierden besessen machen lässt, kann für eine Zeit lang zu einem Ungeheuer der Lust und der Sinnlichkeit werden und unter diesem Einfluss Verbrechen begehen, die ihn entsetzen würden, wenn er seine Vernunft wiedererlangt. Alle diese unerwünschten Strömungen erreichen den Menschen durch das Nabelchakra.

Glücklicherweise gibt es noch andere und höhere Möglichkeiten; zum Beispiel gibt es Wolken der Hingabe und der Liebe, und derjenige, der diese hohen Emotionen empfindet, kann durch sein Herzchakra eine wunderbare Verstärkung dieser Gefühle empfangen, wie es in „Der sichtbare und der unsichtbare Mensch“ auf den Tafeln XI und XII dargestellt ist.

Die Art der Empfindungen, die das Nabelchakra in der oben erwähnten Weise beeinflussen, wird in Annie Besants Buch "Eine Studie über das Bewusstsein" beschrieben, in dem sie die Emotionen in zwei Klassen einteilt: die der Liebe und die des Hasses.

Alle, die der Seite des Hasses angehören, wirken im Nabelchakra, aber die, die auf der Seite der Liebe stehen, wirken im Herzen.

Annie Besant schreibt: „Wir haben gesehen, dass das Verlangen zwei Haupt-Ausdrucksweisen hat: den Wunsch heranzuziehen, um zu besitzen oder auch um mit irgendeinem Gegenstand in Berührung zu kommen, der früher schon Freude bereitet hat, und — den Wunsch, abzuweisen, fortzutreiben oder auch die Berührung mit einem Gegenstand zu vermeiden, der früher schon Leid gebracht hat. Wir haben gesehen, dass Anziehung und Abstoßung die zwei Formen des Verlaugens sind, die das Selbst beherrschen.

Die Emotion, also ein Verlangen, das vom Intellekt durchströmt wird, zeigt unausbleiblich dieselbe Zweiteilung. Die Emotion mit dem Charakter der Anziehung, die die Dinge in Freude zueinander zieht, die erhaltende, integrierende Energie des Weltalls wird Liebe genannt. Die Emotion mit dem Charakter der Abstoßung, die die Dinge unter Leid auseinander treibt, die zerstörende, desintegrierende Energie im Weltall wird Hass genannt. Dies sind die zwei Stämme aus derselben Wurzel — dem Verlangen, und all die Zweige der Gemütsbewegungen können auf einen dieser beiden zurückgeführt werden.

Also die Charakterzüge des Verlangens und der Emotionen sind identisch: die Liebe sucht die anziehenden Dinge an sich zu bringen oder ihnen nachzugehen, um sich mit ihnen zu vereinigen, um sie sich anzueignen oder von ihnen angeeignet zu werden. Sie bindet durch die Freude, durch das Glücksgefühl, wie auch das Verlangen bindet. Ihre Bande sind freilich dauernder, komplizierter, aus zahlreicheren und zarteren Fäden zusammengewirkt, in größerer Mannigfaltigkeit verwebt, aber das Wesen der *Anziehung des Verlangens*, das Zusammenketten zweier Gegenstände ist auch das Wesen der *Anziehung der Emotion* — der Liebe. Und so sucht auch der Hass den abstoßenden Gegenstand von sich zu treiben oder von ihm zu fliehen, um von ihm getrennt zu sein, zurückzustoßen oder zurückgestoßen zu werden. Er trennt unter Leid, unter Unglücksgefühl. Und so ist das Wesen der *Abstoßung des Verlangens*, das Auseinander-Treiben zweier Dinge auch das Wesen der *Abstoßung der Emotion* – des Hasses. Die Liebe und der Hass sind die ausgearbeiteten und vom Denken durchströmten Formen des einfachen Verlangens, zu besitzen oder abzuweisen.“

Später erklärt Annie Besant, dass sich jede der beiden großen Emotionen in drei Teile unterteilt, je nachdem, wie stark oder schwach der Mensch, der sie verspürt, sie empfindet.

„Ersteres ist Liebe, die nach unten blickt auf Schwächere, Niedere; die Liebe, die aufwärts blickt, ist Verehrung; dies sind die verschiedenen, gemeinsamen Charakterzüge der Liebe der Höheren zu den Niederen und der Liebe der Niederen zu den Höheren, allüberall in der Welt.

Die normalen Verhältnisse zwischen Mann und Weib, zwischen Brüdern und Schwestern bieten uns ein Feld zum Studium der Betätigungen der Liebe zwischen Gleichem. Wir sehen, dass die Liehe sich als gegenseitige Zärtlichkeit und gegenseitiges Vertrauen zeigt, als Rücksichtnahme, als Achtung, als Wunsch, zu gefallen, als schnelles Verständnis für die Wünsche der anderen und als Bemühen, sie zu erfüllen, als Großherzigkeit, Nachgiebigkeit. Die Elemente der Liebe-Emotion der Höheren zu den Niederen finden sich hier auch, aber auf alle ist der Stempel der Gegenseitigkeit gedrückt. So können wir sagen, dass der gemeinsame Charakterzug zwischen Gleichen der Wunsch ist, sich gegenseitig zu helfen.

So haben wir Wohlwollen, gegenseitige Hilfsbereitschaft, und Verehrung als die drei Hauptabteilungen der Liebes-Emotionen und in diese drei werden sich alle Liebes-Emotionen unterbringen lassen."

Auf die gleiche Weise erklärt sie dann auch die Hassgefühle: Hass, der nach unten schaut, ist Verachtung, und der Blick nach oben ist Angst.

„Ein ähnliches Studium der Hass-Emotionen in der Familie wird uns ähnliche Ergebnisse liefern. Wenn Hass zwischen Mann und Weib herrscht, wird der zeitweise Überlegene Härte, Grausamkeit, Unterdrückung gegen den zeitweilig Niederen zeigen, und dieser wird durch Betätigung des Hasses antworten, die die Charakterzüge der Schwäche zeigen, durch Rachsucht, Furcht und Untreue. Dies wird noch deutlicher zwischen Eltern und Kindern, wenn beide von der Hass-Emotion beherrscht werden, da die Ungleichheit hier größer ist.

Die Tyrannei züchtet eine ganze Herde von üblen Emotionen: Betrug, Knechtssinn, Feigheit, solange das Kind hilflos ist, Ungehorsam, Auflehnung und Rache, wenn es älter wird. Suchen wir hier wieder nach einem gemeinsamen Charakterzug, dann finden wir, dass Hass, der nach unten blickt, Verachtung ist, nach oben — Furcht.

Ähnlich zeigt sich der Hass unter Gleichen als Zorn, Streitsucht, Geringschätzung, Heftigkeit, Schadenfreude, Eifersucht, Trotz usw. alles Gemütsbewegungen, die den Menschen vom Menschen trennen, wenn sie als Nebenbuhler, als Rivalen einander gegenüberstehen, nicht Hand in Hand gehen. Der gemeinsame Charakterzug des Hasses zwischen Gleichen ist daher gegenseitige Schädigung und die drei Haupt-Charakterzüge der Hass-Emotion sind Verachtung, Wunsch, sich gegenseitig zu schädigen und Furcht.

Die Liebe ist bei allen ihren Offenbarungen charakterisiert durch Mitgefühl, Selbst-Aufopferung, den Wunsch zu geben; dieses sind ihre wesentlichen und wirkenden Elemente, oh als Wohlwollen, gegenseitige Hilfsbereitschaft öder als Verehrung.

Denn alle diese drei dienen unmittelbar der Anziehung, bringen eine Vereinigung hervor, sind der wahren Natur der Liebe entsprungen. Daher stammt die Liebe aus dem Geist (spirit), denn die Sympathie ist das Gefühl für einen anderen, wie man für sich selbst fühlen würde.

Die Selbst-Aufopferung ist die Anerkennung der Ansprüche eines anderen, als man selbst; das Geben ist das Wesen des spirituellen Lebens. So sieht man, dass die Liebe zum Geist (spirit) gehört, zu der Lebens-Seite des Universums.“

Die Aufnahme von Vitalität

Das Kügelchen

Das Vitalitätskügelchen ist zwar unvorstellbar winzig, aber so leuchtend, dass es oft auch von Menschen gesehen wird, die nicht im üblichen Sinne hellsichtig sind.

So mancher, der in die Ferne blickt, vor allem über das Meer, wird am Himmel eine Anzahl kleinster Lichtpunkte bemerken, die mit erstaunlicher Geschwindigkeit in alle Richtungen flitzen.

Dies sind die Vitalitätskügelchen, die jeweils aus sieben physischen Atomen bestehen, wie in Abb. 14c dargestellt — die feurigen Leben, Punkte, die mit jener Kraft geladen sind, die die Hindus Prana nennen.

Es ist oft äußerst schwierig, sich der genauen Bedeutung dieser Sanskrit-Begriffe sicher zu sein, weil die indische Methode, sich diesen Studien zu nähern, sich so sehr von der unseren unterscheidet; aber ich denke, wir können Prana sicher als das Äquivalent zu unserer Vitalität ansehen.

Wenn dieses funkelnde Kügelchen in der Atmosphäre herumfliegt, ist es fast farblos und leuchtet in einem weißen oder leicht goldenen Licht. Sobald es aber in den Strudel des Kraftzentrums über der Milz gezogen wird, wird es zersetzt und zerfällt in Ströme verschiedener Farben, die allerdings nicht genau unserer Einteilung der Spektralfarben entsprechen.

Während die Atome um den Wirbel herumgewirbelt werden, erfasst jede der sechs Speichen eines von ihnen, so dass alle gelb geladenen Atome entlang einer Speiche, alle grün geladenen entlang einer anderen Speiche usw. fließen, während das siebte Atom durch das Zentrum des Wirbels — sozusagen durch die Nabe des Rades — verschwindet.

Diese Strahlen verlaufen dann in verschiedene Richtungen, um jeweils ihre spezielle Funktion bei der Vitalisierung des Körpers zu erfüllen.

Abbildung 16 zeigt eine schematische Darstellung dieser Bahnen des aufgeteilten Pranas.

Wie gesagt, sind die Farben der Bereiche des Prana nicht genau die, die wir normalerweise im Sonnenspektrum sehen, sondern sie ähneln eher der Farbenordnung, die wir auf höheren Ebenen im Kausal-, Mental- und Astralkörper wahrnehmen.

Was wir als Indigo bezeichnen, ist zwischen dem violetten und dem blauen Strahl aufgeteilt, so dass wir dort nur zwei statt drei Unterteilungen finden; andererseits ist das, was wir gewöhnlich als Rot bezeichnen, in zwei Teile geteilt - Rosarot und Dunkelrot.

Die sechs Strahlen sind also violett, blau, grün, gelb, orange und dunkelrot, während das siebte oder rosarote Atom (eigentlich das erste, da es das ursprüngliche Atom ist, in dem die Kraft zuerst auftrat) durch das Zentrum des Wirbels hindurchgeht.

Die Lebenskraft ist also in ihrer Beschaffenheit eindeutig siebenfach, aber sie fließt in fünf Hauptströmen durch den Körper, wie es in einigen indischen Büchern beschrieben wird, denn nachdem sie aus dem Milzzentrum ausgetreten ist, vereinigen sich der blaue und der violette Strahl zu einem einzigen, ebenso der orange und der dunkelrote (Abb. 16).

1) Der violett-blaue Strahl schießt nach oben zur Kehle, wo er sich zu teilen scheint, wobei der hellblaue übrig bleibt, um das Kehlzentrum zu durchlaufen und zu beleben, während der dunkelblaue und der violette Strahl weiter in das Gehirn strömen. Das Dunkelblau breitet sich in den unteren und mittleren Teilen des Gehirns aus, während das Violett den oberen Teil überflutet und dem Kraftzentrum am Scheitel des Kopfes besondere Kraft zu verleihen scheint, wobei es sich vor allem durch die neunhundertsechzig Blütenblätter des äußeren Teils dieses Zentrums ausbreitet.

2) Der gelbe Strahl richtet sich auf das Herz, aber nachdem er dort seine Arbeit getan hat, strömt ein Teil auch zum Gehirn und durchdringt es, wobei er sich hauptsächlich auf die zwölfblättrige Blume in der Mitte des höchsten Kraftzentrums richtet.

3) Der grüne Strahl durchflutet den Unterleib und belebt, während er sich besonders im Solarplexus zentriert, offensichtlich die Leber, die Nieren und die Eingeweide sowie den Verdauungsapparat im Allgemeinen.

4) Der rosafarbene Strahl verläuft im ganzen Körper entlang der Nerven und entspricht eindeutig dem Leben des Nervensystems.

Das ist die besondere Lebenskraft, die ein Mensch ohne weiteres an einen anderen weitergeben kann, dem es daran mangelt. Wenn die Nerven nicht vollständig mit diesem rosafarbenen Licht versorgt werden, werden sie empfindlich und stark reizbar, so dass es dem Patienten fast unmöglich ist, in einer Position zu verharren, und er doch nur wenig Erleichterung erfährt, wenn er sich in eine andere Position begibt.

Das geringste Geräusch oder die geringste Berührung ist für ihn eine Qual, und er befindet sich in einem sehr elenden Zustand. Die Durchflutung seiner Nerven mit rosafarbener Prana durch eine gesunde Person bringt sofortige Erleichterung, und ein Gefühl der Heilung und des Friedens stellt sich ein.

Ein gesunder Mensch nimmt in der Regel so viel mehr von dieser Vitalität auf, als sein eigener Körper benötigt, dass er ständig einen Strom rosafarbener Atome ausstrahlt und so unbewusst Kraft auf seine schwächeren Mitmenschen überträgt, ohne selbst etwas zu verlieren; oder er kann durch eine Willensanstrengung diese überflüssige Energie sammeln und sie gezielt auf jemanden richten, dem er helfen möchte.

Der physische Körper hat ein gewisses eigenes, blindes, instinktives Bewusstsein, das wir manchmal das physische Elemental nennen. Es entspricht in der physischen Welt dem Wunsch-Elemental des Astralkörpers; und dieses Bewusstsein versucht immer, seinen Körper vor Gefahren zu schützen oder ihm zu verschaffen, was notwendig sein mag.

Dies ist völlig unabhängig vom Bewusstsein des Menschen selbst und funktioniert auch während des Schlafes, wenn das Ego außerhalb des physischen Körpers ist.

Alle unsere instinktiven Bewegungen sind darauf zurückzuführen, und durch seine Aktivität wird die Arbeit des sympathischen Systems unaufhörlich fortgesetzt, ohne dass wir darüber nachdenken oder uns dessen bewusst sind.

Während wir, wie wir es nennen, wach sind, ist dieses physische Elemental unaufhörlich mit der Selbstverteidigung beschäftigt; es befindet sich in einem Zustand ständiger Wachsamkeit und hält die Nerven und Muskeln in ständiger Anspannung. Während der Nacht oder zu jeder anderen Zeit, in der wir schlafen, lässt es die Nerven und Muskeln entspannen und widmet sich speziell der Assimilation von Vitalität und der Erholung des physischen Körpers.

Am erfolgreichsten ist es in der frühen Nacht, denn dann ist die Vitalität noch reichlich vorhanden, während unmittelbar vor der Morgendämmerung die Vitalität, die das Sonnenlicht hinterlassen hat, fast vollständig erschöpft ist.

Dies ist der Grund für das Gefühl der Abgeschlagenheit und Leblosigkeit, das mit den frühen Morgenstunden verbunden ist; dies ist ebenfalls der Grund, warum kranke Menschen so häufig zu dieser Zeit sterben.

Der gleiche Gedanke kommt in dem alten Sprichwort zum Ausdruck, das besagt, dass eine Stunde Schlaf vor Mitternacht zwei Stunden nach Mitternacht wert ist. Das Wirken dieses physischen Elementals erklärt die starke erholsame Wirkung des Schlafs, die oft auch dann zu beobachten ist, wenn es sich nur um ein kurzes Nickerchen handelt.

Diese Vitalität ist in der Tat die Nahrung des Ätherkörpers und ist für ihn ebenso notwendig wie die materielle Nahrung für den grobstofflichen Teil des physischen Körpers.

Wenn also das Milzzentrum aus irgendeinem Grund (z.B. durch Krankheit, Müdigkeit oder hohes Alter) nicht in der Lage ist, die Vitalität für die Ernährung der Körperzellen bereitzustellen, versucht dieses physische Elemental, die Vitalität, die bereits in den Körpern anderer vorhanden ist, für seinen eigenen Gebrauch aufzunehmen; und so kommt es, dass wir uns oft schwach und erschöpft fühlen, nachdem wir eine Weile mit einem Menschen zusammengesessen haben, der keine Vitalität mehr hat, weil er uns die rosafarbenen Atome entzogen hat, bevor wir in der Lage waren, deren Energie aufzunehmen.

Das Pflanzenreich nimmt diese Vitalität ebenfalls auf, scheint aber meist nur einen kleinen Teil davon zu nutzen.

Viele Bäume beziehen daraus fast genau die gleichen Bestandteile wie der obere Teil des Ätherleibes des Menschen, was dazu führt, dass, wenn die Bäume verbraucht haben, was sie benötigen, die Atome, die sie ausscheiden, genau die sind, die mit dem rosa Licht geladen sind, das für die Zellen des physischen Körpers des Menschen notwendig ist.

Dies ist besonders bei Bäumen wie der Kiefer und dem Eukalyptus der Fall; und folglich gibt die Nähe dieser Bäume denjenigen Gesundheit und Kraft, die unter einem Mangel an diesem Teil des vitalen Prinzips leiden — denjenigen, die wir nervöse Menschen nennen.

Sie sind nervös, weil die Zellen ihres Körpers hungrig sind, und die Nervosität kann nur dadurch gemildert werden, dass man sie füttert; und oft ist es am besten, sie von außen mit der besonderen Art von Vitalität zu versorgen, die sie brauchen.

5) Der orange-rote Strahl fließt zur Basis der Wirbelsäule und von dort zu den Zeugungsorganen, mit denen ein Teil seiner Funktionen eng verbunden ist.

Dieser Strahl scheint nicht nur das Orange und die dunkleren Rottöne zu enthalten, sondern auch einen gewissen Anteil an dunklem Violett, so als ob das Spektrum sich zu einem Kreis schließen würde und die Farben in einer niedrigeren Oktave wieder von vorne beginnen würden.

Beim normalen Menschen erregt dieser Strahl die sinnlichen Begierden und scheint auch in das Blut einzutreten und die Wärme des Körpers aufrechtzuerhalten; aber wenn ein Mensch sich beharrlich weigert, seiner niederen Natur nachzugeben, kann dieser Strahl durch lange und entschlossene Anstrengung nach oben zum Gehirn gelenkt werden, wo alle drei Bestandteile eine bemerkenswerte Veränderung erfahren.

Das Orange wird zu reinem Gelb erhoben und bewirkt eine deutliche Intensivierung der Kräfte des Intellekts; das Dunkelrot wird zu Karmesinrot und steigert die Qualität der selbstlosen Zuneigung beträchtlich; während das dunkle Violett in ein liebliches helles Violett umgewandelt wird und den geistigen Teil der menschlichen Natur belebt.

Der Mensch, der diese Verwandlung erreicht, wird feststellen, dass sinnliche Begierden ihn nicht mehr beschäftigen, und wenn es für ihn notwendig wird, die höheren Schichten des Schlangenfeuers zu erwecken, wird er frei von den gravierendsten Gefahren dieses Prozesses sein.

Wenn ein Mensch diesen Wandel schließlich vollzogen hat, geht dieser orangerote Strahl direkt in das Zentrum an der Basis der Wirbelsäule und läuft von dort aus nach oben entlang des Hohlraums der Wirbelsäule und zum Gehirn.

Farben des Prana	Chakren die in diese münden	Farben wie sie in der Geheimlehre angegeben werden	Entsprechende Prinzipien
Lichtblau	Kehle	Blau	Atma (aurische Hülle)
Gelb	Herz	Gelb	Buddhi
Dunkelblau	Stirn	Indigo oder dunkelblau	Höheres Manas
Grün	Nabel	Grün	Kama manas oder niederes Manas
Rosa	Milz	Rot	Kama Rupa
Violett	Scheitel	Violett	Ätherkörper
Orangerot (mit einem anderen Violett)	Wurzel-Chakra (später Scheitel-Chakra)		

Table III

Es scheint eine gewisse Übereinstimmung (Tabelle III) zwischen den Farben der Pranaströme, die zu den verschiedenen Chakren fließen, und den Farben zu bestehen, die Madame Blavatsky den Prinzipien des Menschen in ihrem Diagramm in Die Geheimlehre, Band V, S. 454, Fünfte (Adyar) Ausgabe, zuordnet.

Die fünf Prana Vayus

In den hinduistischen Schriften wird häufig auf die fünf Haupt-Vayus oder Pranas verwiesen.

In der Gheranda Samhita werden ihre Positionen kurz wie folgt beschrieben: Prana bewegt sich immer im Herzen, Apana in der Sphäre des Anus, Samana in der Region des Nabels, Udana in der Kehle, und Vyana durchdringt den ganzen Körper[1].

---

1) Op. cit., vv. 61-2. Sacred Books of the Hindus Series. Trans. Sris Chandra Vidyarnava.

Zahlreiche andere Bücher geben die gleiche Beschreibung und sagen nichts über ihre Funktionen, aber einige fügen ein paar weitere Informationen hinzu, wie zum Beispiel folgende:

Die Luft, genannt Vyana, transportiert den wesentlichen Teil in alle Nerven. Sobald die Nahrung verzehrt ist, wird sie durch diese Luft in zwei Teile gespalten.

Nachdem sie in der Nähe des Anus angekommen ist, trennt sie die festen und flüssigen Teile; nachdem sie das Wasser über das Feuer und das Feste über das Wasser gestellt hat, entzündet das Prana, das unter dem Feuer steht, dieses langsam. Das Feuer, das durch die Luft entflammt wird, trennt die Substanz vom Abfall.

Die Vyana-Luft lässt die Essenz überall hinströmen, und die Abfälle, die durch die zwölf Tore gepresst werden, werden aus dem Körper ausgestoßen.[1)]

Die fünf auf diese Weise beschriebenen Lüfte scheinen ziemlich gut mit den fünf Vitalitätsbereichen übereinzustimmen, die wir beobachtet haben, wie in Tabelle IV dargestellt. In indischen Abhandlungen bedeutet das Wort Prana oft auch Atem, vielleicht weil wir beim Atmen auch Vitalitätskügelchen aufnehmen. Der Hauptzweck der Atmung besteht darin, Sauerstoff aus der Luft aufzunehmen. Dieser gelangt in die Lungen und der Stickstoff, mit dem er in der Atmosphäre vermischt ist, wird ausgestoßen. Das Vitalitätskügelchen ist der Hauptbestandteil des Sauerstoffatoms (Abb. 18).

In dem Werk Okkulte Chemie wurde ausgeführt, dass die Schwierigkeiten, auf die Annie Besant und ich bei der Beobachtung von Sauerstoff gestoßen sind, weitaus größer waren als die

---

1) Garuda Purana, XV, 10-3. Sacred Books of the Hindus Series. Übers. Wood.

bei der Untersuchung von Wasserstoff und Stickstoff, und zwar wegen der außergewöhnlichen Aktivität dieses Elements und des blendenden Glanzes einiger seiner Bestandteile.

Im gasförmigen Zustand erscheint das Sauerstoffatom als Eiform, in deren Inneren sich ein spiralförmiges Gebilde mit fünf hell leuchtenden Punkten schnell dreht.

Die Spirale erscheint als abgerundeter Festkörper, aber wenn das Atom in die ätherische Unterebene der physischen Ebene transportiert wird, spaltet sich die Spirale der Länge nach in zwei dünne Spiralen auf, eine positive und eine negati-

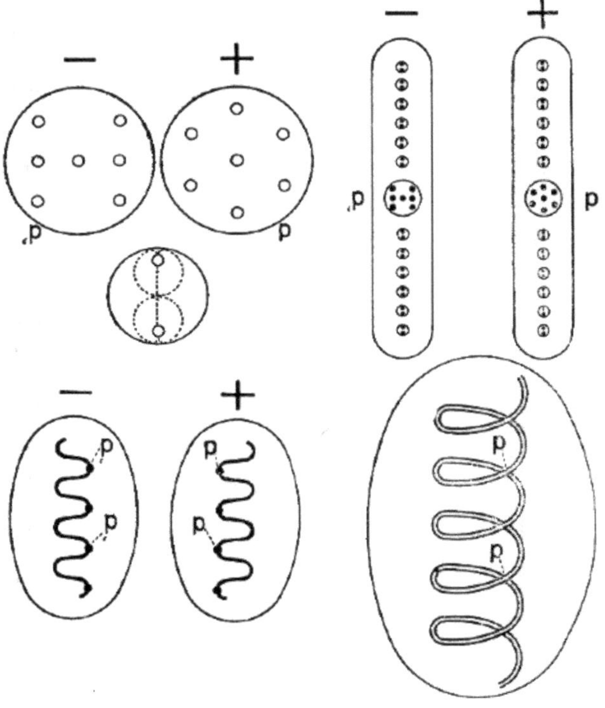

Abb. 18

Prana Vayu und die beeinflusste Körperregion	Strahl der Vitalität	Hauptsächlich beeinflusstes Chakra
Prana; Herz	Gelb	Herz
Apana; Anus	Orange-rot	Wurzel
Samana; Nabel	Grün	Nabel
Udana; Kehle	Violett-blau	Kehlkopf
Vyana; der gesamte Körper	Rosarot	Milz

Tabelle IV

ve, und man kann dann beobachten, dass die scheinbare Festigkeit daher rührt, dass sich diese beiden gewundenen Spiralen in entgegengesetzter Richtung um eine gemeinsame Achse drehen, so dass sie den Anschein einer einheitlichen Oberfläche erwecken, so wie eine glühende Kohle, die an das Ende eines Bindfadens gebunden ist, einen Feuerkreis in der Luft beschreibt, wenn sie im Kreis herumgewirbelt wird, und das Gleiche geschieht, wenn ein an der Spitze angezündeter Stock im Kreis gedreht wird.

Die leuchtenden Punkte, die im gasförmigen Atom zu sehen sind, zeigen sich im ätherischen Zustand auf den Kämmen der Wellen der positiven und in den Vertiefungen der negativen Spirale.

Die schlangenförmige oder gewundene Spirale besteht aus kleinen perlenartigen Gebilden, von denen elf zwischen den Punkten mit der größten Leuchtkraft angeordnet sind.

Wenn das Sauerstoffatom in die nächst höhere ätherische Unterebene transportiert wird, brechen die Spiralen auf, und jeder leuchtende Punkt auf einer Seite sechs und auf der anderen Seite fünf Perlen mit sich führt.

Diese Punkte mit ihren Körnchen winden und drehen sich mit der gleichen außergewöhnlichen Aktivität, ähnlich wie Glühwürmchen, die sich mit hoher Geschwindigkeit bewegen.

Die hellen Punkte enthalten jeweils sieben Ur-Atome, während die Perlen nur zwei enthalten.

In der nächste Ebene lösen sich die Fragmente der Spiralen auf, und die positiven und negativen Teilchen (d und d') zeigen unterschiedliche Anordnungen der darin enthaltenen Atome. Wenn diese Teilchen auf der atomaren Unterebene zerfallen, werden 290 physische Ur-Atome freigesetzt, von denen 220 aus den Perlen und 70 aus den zehn hellen Punkten stammen.

Das positive Teilchen d ist das Vitalitätskügelchen und von ihm stammt die außergewöhnliche Energie des Sauerstoffs.

Wenn der Sauerstoff bei der Atmung in die Lunge gelangt, setzt er Vitalitätskügelchen frei, die sich mit anderen Substanzen verbinden, um einige der Hauptbestandteile des Blutes zu bilden.

Während sich also die Vitalität von der Milz aus im gesamten Ätherkörper ausbreitet, verteilt sich die "Essenz", die in dem Zitat aus dem Garuda Purana erwähnt wird, im gesamten dichten Körper (17).

Vitalität und Gesundheit

Der Fluss der Vitalität in diesen verschiedenen Strömen reguliert die Gesundheit der betreffenden Teile des Körpers.

Wenn ein Mensch an einer schwachen Verdauung leidet, zeigt sich das jedem, der über ätherisches Sehen verfügt, sofort, denn entweder ist der Fluss und die Wirkung des grünen

Stroms träge oder seine Menge ist im Verhältnis kleiner, als sie sein sollte.

Wo der gelbe Strom voll und stark ist, zeigt er Stärke und Regelmäßigkeit der Herztätigkeit an, oder besser gesagt, er erzeugt sie.

Indem es um dieses Zentrum herumfließt, durchdringt es auch das Blut, das durch dieses Zentrum geleitet wird, und wird zusammen mit ihm durch den ganzen Körper geschickt.

Dennoch bleibt genug davon übrig, um sich auch ins Gehirn zu verbreiten, und die Kraft des höchsten philosophischen und metaphysischen Denkens scheint zu einem großen Teil von der Menge und Aktivität dieses gelben Stroms und dem entsprechenden Erwachen der zwölfblättrigen Blüte in der Mitte des Kraftzentrums am Scheitel des Kopfes abzuhängen.

Das Denken und Fühlen einer hohen geistigen Stufe scheint weitgehend vom violetten Strahl abzuhängen, während die Kraft des gewöhnlichen Denkens durch die Wirkung des blauen Strahls, vermischt mit einem Teil des gelben Strahls, angeregt wird.

Bei einigen Formen von Geisteskrankheit ist der Fluss der gelben und blau-violetten Vitalität zum Gehirn fast vollständig gehemmt.

Ungewöhnliche Aktivität oder Mengen des Hellblaus, das dem Halszentrum zugeordnet wird, gehen mit der Gesundheit und Stärke der physischen Organe in diesem Teil des Körpers einher.

Es verleiht den Stimmbändern Kraft und Elastizität, so dass bei einem öffentlichen Redner oder einem großen Sänger besondere Brillanz und Lebendigkeit zu spüren sind.

Schwäche oder Krankheit in irgendeinem Teil des Körpers wird von einem Mangel an Zustrom von Vitalität zu diesem Teil begleitet.

Das Schicksal der entladenen Atome

Während die verschiedenen Ströme von Atomen ihre Arbeit verrichten, wird ihnen die Vitalität entzogen, genau wie es bei einer elektrischen Ladung der Fall ist.

Die mit dem rosafarbenen Strahl geladenen Atome werden allmählich blasser, während sie entlang der Nerven strömen, und schließlich werden sie durch die Poren aus dem Körper ausgestoßen — und bilden so das, was in „Der sichtbare und der unsichtbare Mensch" die Gesundheitsaura genannt wurde.

Wenn sie den Körper verlassen, haben die meisten von ihnen das rosafarbene Licht verloren, so dass das allgemeine Erscheinungsbild der Emanation bläulich-weiß ist.

Ebenso verliert der Teil des gelben Strahls, der in das Blut aufgenommen und mit ihm transportiert wird, seine charakteristische Farbe.

Die Atome, die auf diese Weise ihre Vitalität verloren haben, gehen entweder in eine der Kombinationen ein, die ständig im Körper gebildet werden, oder sie verlassen ihn durch die Poren oder durch die normalen Kanäle. Die entladenen Atome des grünen Strahls, der vor allem mit Verdauungsprozessen verbunden ist, scheinen Teil der gewöhnlichen Abfallstoffe des Körpers zu sein und mit ihm ausgeschieden zu werden, und das ist auch das Schicksal der Atome des rot-orangenen Strahls beim gewöhnlichen Menschen.

Die zu den blauen Strahlen gehörenden Atome, die in Verbindung mit dem Kehlkopfzentrum verwendet werden, verlassen den Körper im Allgemeinen mit der Ausatmung; und die Atome, aus denen die dunkelblauen und violetten Strahlen bestehen, treten gewöhnlich aus dem Zentrum am Scheitel des Kopfes aus.

Wenn der Schüler gelernt hat, die orange-roten Strahlen so abzulenken, dass sie auch durch die Wirbelsäule nach oben wandern, strömen die leeren Atome dieser und der violett-blauen Strahlen aus dem Scheitel in einer feurigen Kaskade aus, die, wie wir bereits in Abb. 9 gesehen haben, häufig als Flamme bei alten Statuen Buddhas und anderer großer Heiliger abgebildet ist.

Diese Atome werden also wieder als physische Träger für einige der wunderbaren und wohltätigen Kräfte benutzt, die hochentwickelte Menschen aus dem Kronenchakra ausstrahlen.

Wenn die Atome entladen sind von der Vitalkraft, sind sie wieder genau wie alle anderen Atome, nur dass sie sich aufgrund der Verwendung, die man von ihnen gemacht hat, etwas weiterentwickelt haben.

Der Körper nimmt davon so viel auf, wie er braucht, so dass sie Teil der verschiedenen Kombinationen bilden, die ständig hergestellt werden, während andere, die für diese Zwecke nicht benötigt werden, durch irgendeinen Kanal ausgeschieden werden, der sich gerade anbietet.

Der Zustrom von Vitalität in oder durch ein Zentrum oder auch seine Intensivierung darf nicht mit der ganz anderen Entwicklung des Zentrums verwechselt werden, die die Erweckung der höheren Ebenen des Schlangenfeuers auf einer späteren Stufe der menschlichen Evolution mit sich bringt und mit der wir uns im nächsten Kapitel beschäftigen werden.

Wir alle empfangen Vitalität und spezialisieren sie, aber viele von uns nutzen sie nicht in vollem Umfang, weil unser Leben auf verschiedene Weise nicht so rein, gesund und vernünftig ist, wie es sein sollte.

Jemand, der seinen Körper durch den Konsum von Fleisch, Alkohol oder Tabak vergröbert, kann seine Lebenskraft niemals in gleicher Weise voll ausschöpfen wie ein Mensch mit einer reineren Lebensweise.

Es kann sein, dass ein bestimmtes Individuum, das ein unreines Leben führt, einen stärkeren physischen Körper hat als bestimmte andere Menschen mit einem reineren Leben, und oft ist das auch der Fall; das ist eine Frage des jeweiligen Karmas; aber wenn alle anderen Dinge gleich sind, hat der Mensch mit reinem Leben einen immensen Vorteil.

Alle Farben dieser Vitalitätsordnung sind ätherisch, aber man wird sehen, dass ihre Wirkung auf gewisse Weise der Bedeutung entsprechen, die ähnlichen Farben im Astralkörper zukommt.

Es liegt auf der Hand, dass richtiges Denken und richtiges Fühlen auf den physischen Körper einwirken und seine Fähigkeit erhöhen, die Vitalität aufzunehmen, die für sein Wohlbefinden notwendig ist.

Es wird berichtet, dass Buddha einmal gesagt hat, dass der erste Schritt auf dem Weg zum Nirvana die vollkommene körperliche Gesundheit ist; und der Weg, dies zu erreichen, ist mit Sicherheit der, dem Edlen Achtfachen Pfad zu folgen, den er aufgezeigt hat.

„Trachtet zuerst nach dem Reich Gottes und nach seiner Gerechtigkeit, und alles andere wird euch zufallen“ — ja, auch die körperliche Gesundheit.

Vitalität und Magnetismus

Die Vitalität, die entlang der Nerven fließt, darf nicht mit dem verwechselt werden, was wir gewöhnlich den Magnetismus des Menschen nennen — seine eigenes Nervenfluidum, das in der Wirbelsäule konzentriert ist und aus der primären Lebenskraft besteht, die sich mit der Kundalini vermischt.

Es ist dieses Fluidum, das die ständige Zirkulation der ätherischen Materie entlang der Nerven aufrechterhält, entsprechend der Zirkulation des Blutes durch die Arterien und Venen; und wie der Sauerstoff durch das Blut zu allen Teilen des Körpers befördert wird, so wird die Vitalität durch diesen ätherischen Strom entlang der Nerven befördert.

Die Teilchen des Ätherkörpers des Menschen verändern sich ständig, ebenso wie die des dichteren Körpers; mit der Nahrung, die wir zu uns nehmen, und der Luft, die wir atmen, nehmen wir ätherische Materie auf, und diese wird vom Ätherkörper assimiliert.

Der ätherische Stoff wird ständig aus den Poren ausgestoßen, ebenso wie der gasförmige Stoff, so dass, wenn zwei Personen nahe beieinander sind, jede notwendigerweise viel von den physischen Emanationen der anderen aufnimmt.

Wenn eine Person eine andere hypnotisiert, sammelt der Magnetiseur durch eine Willensanstrengung eine große Menge dieses Magnetismus und leitet ihn in die Person, wobei er dessen Nervenfluidum zurückdrängt und diesen Platz mit seinem eigenen füllt. Da das Gehirn das Zentrum dieses Kreislaufs des Nervenfluidums ist, wird der betroffene Körperteil vom Gehirn des Hypnotiseurs und nicht vom Gehirn des Patienten kontrolliert, so dass der Patient das fühlt, was der Hypnotiseur ihn fühlen lassen will.

Wenn das Gehirn des Empfangenden von seinem eigenen Magnetismus entleert und mit dem des Hypnotiseurs gefüllt wird, kann dieser nur so denken und handeln, wie der Ausführende es will; er wird für eine gewisse Zeit vollkommen von ihm beherrscht. Selbst wenn der Magnetiseur zu heilen versucht und dem Menschen Kraft einflößt, gibt er unweigerlich mit der Vitalität auch viel von seinen eigenen Emanationen ab.

Es ist offensichtlich, dass jede Krankheit, die der Hypnotiseur zufällig hat, auf diese Weise leicht auf den Patienten übertragen werden kann; und eine andere, noch wichtigere Überlegung ist, dass, obwohl seine Gesundheit vom medizinischen Standpunkt aus perfekt sein mag, es ebenso mentale und moralische Krankheiten gibt wie physische. Und da astrale und mentale Materie zusammen mit dem physischen Strom vom Hypnotiseur auf den Patienten übertragen wird, werden auch diese häufig weitergegeben.

Dennoch kann ein Mensch, der reinen Geistes ist und von dem ernsthaften Wunsch erfüllt, seinen Mitmenschen zu helfen, durch Mesmerismus oft viel zur Linderung von Leiden beitragen, wenn er sich die Mühe macht, dieses Thema der Ströme zu studieren, die durch die Chakren in den Körper eintreten und entlang der Nerven fließen.

Was ist es, das der Hypnotiseur in seinen Patienten einfließen lässt? Es kann entweder der Nervenäther oder die Vitalität sein, oder beides. Angenommen, ein Patient ist ernsthaft geschwächt oder erschöpft, so dass er die Kraft verloren hat, das Lebensfluidum für sich selbst zu speichern, kann der Mesmerist seinen Vorrat erneuern, indem er etwas von seinem eigenen auf die schwachen Nerven gibt, und so eine schnelle Genesung bewirken.

Das Verfahren entspricht dem, was oft bei Lebensmitteln gemacht wird. Wenn ein Mensch ein bestimmtes Stadium der Schwäche erreicht, verliert der Magen die Fähigkeit zu verdauen, und so wird der Körper nicht richtig ernährt, und die Schwäche wird dadurch verstärkt.

Das Mittel, das in diesem Fall angewandt wird, besteht darin, dem Magen mittels Pepsin oder anderer ähnlicher Präparate bereits teilweise verdaute Nahrung zuzuführen, die wahrscheinlich aufgenommen werden kann und dadurch gewinnt er an Kraft.

Genauso kann ein Mensch, der nicht in der Lage ist, selbst Vitalität aufzunehmen, dennoch das verwerten, was bereits von einem anderen vorbereitet wurde, und so die Kraft gewinnen, um eine Anstrengung zur Wiederaufnahme der normalen Tätigkeit der ätherischen Organe zu unternehmen.

In vielen Fällen von Schwäche ist das alles, was nötig ist.

Es gibt andere Fälle, in denen eine Art von Stauung eingetreten ist, die Lebensflüssigkeit nicht richtig zirkuliert und die Nervenaura träge und ungesund ist.

Dann ist es naheliegend, diesen Nervenäther durch gesunden von außen zu ersetzen, aber es gibt mehrere Möglichkeiten, dies zu tun.

Einige Magnetiseure wenden einfach rohe Gewalt an und lassen unaufhörlich große Mengen ihres eigenen Äthers einströmen, in der Hoffnung, das, was entfernt werden muss, wegzuspülen. Auf diese Weise kann ein Erfolg erzielt werden, wenn auch mit einem höheren Energieaufwand als nötig.

Eine wissenschaftlichere Methode ist diejenige, die etwas ruhiger ans Werk geht und zuerst die verstopfte oder kranke Substanz entfernt, um sie dann durch gesünderes Nervenäther zu ersetzen und so den trägen Strom allmählich zur Aktivität anzuregen.

Wenn der Patient zum Beispiel Kopfschmerzen hat, gibt es mit ziemlicher Sicherheit eine Stauung von schädlichem Äther in irgendeinem Teil seines Gehirns, und der erste Schritt ist, diesen zu entfernen. Wie ist das zu bewerkstelligen? Genauso wie das Ausströmen von Kraft — durch Willenskraft.

Wir dürfen nicht vergessen, dass diese feineren Strukturen der Materie leicht durch die Einwirkung des menschlichen Willens geformt oder beeinflusst werden können.

Der Hypnotiseur kann zwar Striche (Handbewegungen) machen, aber sie sind nichts anderes als die Ausrichtung seiner Waffe in eine bestimmte Richtung, während sein Wille das Pulver ist, das die Kugel bewegt und das Ergebnis hervorbringt, wobei das Fluidum der abgegebene Schuss ist.

Ein Magnetiseur, der sein Geschäft versteht, kann auch ohne Striche auskommen, wenn er will; ich habe einen gekannt, der sie nie benutzte, sondern seinen Patienten nur ansah.

Die Hand dient nur dazu, das Fluidum zu konzentrieren und vielleicht die Vorstellungskraft des Anwenders zu unterstützen; um einen starken Willen zu haben, muss er fest daran glauben, und die Handlung macht es ihm zweifellos leichter, zu realisieren, was er tut.

So wie der Mensch den Magnetismus durch Willensanstrengung ausströmen kann, so kann er ihn auch durch Willensanstrengung zurückziehen; und auch in diesem Fall kann er sich einer Handbewegung bedienen.

Bei der Behandlung von Kopfschmerzen würde er wahrscheinlich seine Hände auf die Stirn des Patienten legen und sie sich als Schwämme vorstellen, die den schädlichen Magnetismus aus dem Gehirn herausziehen.

Dass er tatsächlich das Ergebnis erzielt, an das er denkt, wird er mit großer Wahrscheinlichkeit bald feststellen, denn wenn er keine Vorkehrungen trifft, um den schlechten Magnetismus, den er aufnimmt, abzuleiten, wird er entweder selbst die Kopfschmerzen spüren oder unter Schmerzen im Arm und in der Hand leiden, mit denen die Behandlung durchgeführt hat.

Er zieht tatsächlich kranke Materie in sich hinein, und es ist für sein Wohlbefinden notwendig, dass er sie loswird, bevor sie sich dauerhaft in seinem Körper einnistet.

Er sollte sich also eine bestimmte Methode überlegen, um sie loszuwerden, und die einfachste ist, sie einfach wegzuwerfen, sie aus den Händen zu schütteln, wie man Wasser schüttelt.

Obwohl er es nicht sieht, ist die Materie, die er abgezogen hat, physisch, und wir können ihr mit physischen Mitteln entgegenwirken.

Es ist daher notwendig, dass er diese Vorsichtsmaßnahmen nicht vernachlässigt und dass er nicht vergisst, sich nach der Behandlung von Kopfschmerzen oder anderen Krankheiten dieser Art sorgfältig die Hände zu waschen.

Dann, nachdem er die Ursache des Übels beseitigt hat, lässt er einen guten, starken und gesunden Magnetismus einströmen, der an seine Stelle tritt und den Patienten vor der Rückkehr der Krankheit schützt.

Man sieht, dass diese Methode bei jeder Art von Nervenerkrankung vielfältige Vorteile hat.

In den meisten dieser Fälle liegt eine Unregelmäßigkeit der Fluide vor, die entlang der Nerven fließen; entweder sind sie gestaut, oder sie fließen zu langsam, oder sie fließen zu schnell; sie können in der Quantität mangelhaft oder in der Qualität schlecht sein.

Wenn wir irgendwelche Drogen verabreichen, können wir bestenfalls auf den physischen Nerv einwirken und durch ihn in begrenztem Maße auf die ihn umgebenden Flüssigkeiten; Die magnetische Behandlung hingegen wirkt direkt auf die Flüssigkeiten selbst und geht somit direkt an die Wurzel des Übels.

Die Entwicklung der Chakren

Die Funktion der erweckten Zentren

Neben der Erhaltung des physischen Vehikels haben die Kraftzentren eine weitere Funktion, die nur dann zum Tragen kommt, wenn sie zu voller Aktivität erweckt werden.

Jedes der ätherischen Zentren entspricht einem astralen Zentrum, aber da das astrale Zentrum ein Wirbel in vier Dimensionen ist, hat es eine Ausdehnung in einer ganz anderen Richtung als das ätherische und ist daher keineswegs immer mit ihm zusammenhängend, obwohl ein Teil immer übereinstimmt.

Der Ätherwirbel befindet sich immer auf der Oberfläche des Ätherkörpers, aber das astrale Zentrum liegt oft ganz im Inneren dieses Körpers.

Die Funktion jedes der ätherischen Zentren, wenn es voll erweckt ist, besteht darin, die Qualität, die dem ihm entsprechenden astralen Zentrum innewohnt, in das physische Bewusstsein zu bringen; bevor wir also die Ergebnisse aufzählen, die durch die Erweckung der ätherischen Zentren erzielt werden können, ist es vielleicht gut, zu betrachten, was jedes der astralen Zentren tut, obwohl letztere bei allen kultivierten Menschen bereits voll aktiv sind.

Welche Wirkung hat nun die Belebung jedes dieser astralen Zentren auf den Astralkörper?

Die astralen Zentren

Das erste dieser Zentren ist, wie bereits erklärt wurde, die Heimat des Schlangenfeuers. Diese Kraft existiert auf allen Ebenen und durch ihre Aktivität werden die übrigen Zentren erweckt.

Wir müssen uns vorstellen, dass der Astralkörper ursprünglich eine nahezu träge Masse war, die lediglich über ein vages Bewusstsein verfügte, keine eindeutigen Handlungsmöglichkeiten besaß und kein klares Wissen über die ihn umgebende Welt hatte. Das erste, was dann geschah, war die Erweckung dieser Kraft im Menschen auf der Astralebene.

Wenn sie erweckt ist, bewegt sie sich weiter zum zweiten Zentrum, das der physischen Milz entspricht, und vitalisiert dadurch den gesamten Astralkörper, was dem Menschen ermöglicht, bewusst zu reisen, wenn auch nur mit einer vagen Vorstellung davon, was ihm auf seinen Reisen begegnet.

Dann gelangte sie zum dritten Zentrum, das dem Nabel entspricht, und belebte es, wodurch sie im Astralkörper die

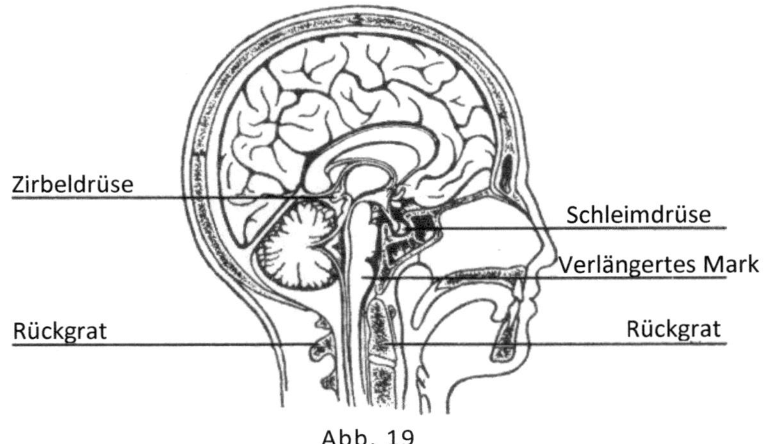

Abb. 19

Kraft des Fühlens erweckte — eine Empfindlichkeit für alle möglichen Einflüsse, wenn auch noch nicht so eindeutig wie beim Sehen oder Hören.

Das erweckte vierte Zentrum verlieh dem Menschen die Fähigkeit, die Schwingungen anderer astraler Wesenheiten zu verstehen und mit ihnen zu empfinden, so dass er instinktiv einiges von ihren Gefühlen erfassen konnte.

Die Erweckung des fünften Zentrums, der dem Hals entspricht, verlieh ihm die Kraft des Hörens auf der Astralebene; das heißt, sie bewirkte die Entwicklung jenes Sinnes, der in der Astralwelt auf unser Bewusstsein die Wirkung ausübt, die wir auf der physischen Ebene als Hören bezeichnen.

Die Entwicklung des sechsten Zentrums, das dem Cahkra zwischen den Augenbrauen entspricht, brachte in ähnlicher Weise das astrale Sehen hervor — die Fähigkeit, die Form und die von astralen Objekten wahrzunehmen, anstatt ihre Anwesenheit nur vage zu erahnen.

Die Erweckung des siebten, welches dem Scheitel-Chakra entspricht, vervollständigte und vollendete für ihn das astrale Leben und stattete ihn mit der Vollkommenheit seiner Fähigkeiten aus.

In Bezug auf dieses Zentrum scheint es einen gewissen Unterschied zu geben, je nach dem Typus, dem die Menschen angehören.

Bei vielen von uns konvergieren die Astralwirbel, die dem sechsten und siebten dieser Zentren entsprechen, in der Hypophyse, und für diese Menschen ist die Hypophyse (Abb. 8) praktisch die einzige direkte Verbindung zwischen der physischen und den höheren Ebenen.

Bei einer anderen Art von Menschen hingegen ist das sechste Zentrum zwar ebenfalls mit der Hypophyse verbunden, doch wird das siebte Zentrum gebogen oder geneigt, bis sein Wirbel mit dem verkümmerten Organ zusammenfällt, das Zirbeldrüse genannt wird (Abb. 19); diese wird von Menschen dieses Typs belebt und in eine direkte Verbindung mit der niederen Mentalebene gebracht, ohne dass sie auf gewöhnliche Weise die dazwischenliegende Astralebene zu durchqueren scheinen.

Diese Art von Menschen war es, für die Madame Blavatsky schrieb, als sie so viel Wert auf die Erweckung dieses Organs legte.

Annie Besant erwähnt diese Tatsache, dass der Ausgangspunkt der Entwicklung bei verschiedenen Personen auf verschiedenen Ebenen beginnt, auch in der folgenden Textstelle aus „Eine Studie über das Bewusstsein“ (Verlag Heliakon):

„Während die Chakren nur auf solche Weise mit dem physischen Vehikel in Verbindung gesetzt werden können, kann ihr Ausbau als Zentren und ihre allmähliche Organisation als Kader von jedem Vehikel ausgehen, und geht in jeder Individualität von dem Vehikel aus, das dem speziellen Typus des Temperaments entspricht, zu welchem sie gehört. Je nach dem Typus des Temperaments des Menschen entscheidet sich die Stelle, von der die größte Tätigkeit ausgeht, sowohl im Aufbau aller Vehikel wie auch in ihrer allmählichen Ausgestaltung zu wirksamen Werkzeugen, durch welche sich dies Bewusstsein auf der physischen Ebene auszudrücken vermag. Dieses Zentrum der Tätigkeit kann sich im physischen, astralen, niederen und höheren mentalen Körper befinden.“

Astrale Sinne

Diese Zentren nehmen also gewissermaßen den Platz der Sinnesorgane im Astralkörper ein; Denn man darf nie vergessen, dass wir, wenn wir, um uns verständlich zu machen, ständig von astralem Sehen oder astralem Hören sprechen müssen, mit diesen Ausdrücken eigentlich nur die Fähigkeit meinen, auf solche Schwingungen zu reagieren, die dem Bewusstsein des Menschen, wenn er in seinem Astralkörper agiert, Informationen desselben Charakters vermitteln, wie sie ihm von seinen Augen und Ohren vermittelt werden, wenn er sich im physischen Körper befindet.

Aber in den ganz verschiedenen astralen Bedingungen sind spezielle Organe nicht notwendig, um dieses Ergebnis zu erreichen.

In jedem Teil des Astralkörpers befindet sich Materie, die zu einer solchen Reaktion fähig ist, und folglich sieht der Mensch, der in diesem Vehikel agiert, die Objekte hinter, über und unter ihm gleichermaßen gut, ohne dass er seinen Kopf zu drehen braucht.

Die Zentren können daher nicht als Organe im gewöhnlichen Sinne des Wortes bezeichnet werden, da der Mensch nicht durch sie sieht oder hört, wie er es hier durch die Augen und Ohren tut.

Von ihrer Belebung hängt jedoch die Fähigkeit ab, diese astralen Sinne einzusetzen, da jeder von ihnen, wenn er entwickelt ist, dem gesamten Astralkörper die Fähigkeit verleiht, auf eine neue Reihe von Schwingungen zu reagieren.

Da alle Teilchen des Astralkörpers ständig fließen und herumwirbeln wie kochendes Wasser, durchlaufen sie alle der

Reihe nach jedes der Zentren oder Wirbel, so dass jedes Zentrum seinerseits in allen Teilchen des Körpers die Kraft der Empfänglichkeit für eine bestimmte Gruppe von Schwingungen hervorruft, und so sind alle astralen Sinne in allen Teilen des Körpers gleichermaßen aktiv.

Aber selbst wenn diese astralen Sinne voll erweckt sind, folgt daraus keineswegs, dass der Mensch in der Lage sein wird, sich ihrer Wirkung in seinem physischen Körper bewusst zu werden.

Das Erwachen von Kundalini

Während also all dieses astrale Erwachen stattfand, wusste der Mensch in seinem physischen Bewusstsein nichts davon.

Die einzige Möglichkeit, den dichten Körper an all diesen Vorteilen teilhaben zu lassen, besteht darin, den Prozess des Erwachens mit den ätherischen Zentren zu wiederholen. Dies kann auf verschiedene Weise erreicht werden, je nach der Yoga-Schule, in der der Schüler praktiziert.

In Indien kennt man sieben Arten von Yoga:

1. Raja Yoga;
2. Karma Yoga;
3. Jnana Yoga;
4. Laya Yoga;
5. Hatha Yoga;
6. Bhakti Yoga;
7. Mantra Yoga.

Ich habe sie in der zweiten Ausgabe von „Die Meister und der Pfad“ beschrieben, und Professor Wood hat sie in seinem Buch „Raja Yoga, the Occult Training of the Hindus“ ausführlich beschrieben.

Sie alle erkennen die Existenz und die Bedeutung der Chakren an, und jede hat ihre eigene Methode, sie zu entwickeln.

Das Konzept des Raja Yogi besteht darin, nacheinander über jedes dieser Elemente zu meditieren und sie durch bloße Willenskraft in Aktivität zu versetzen — eine Methode, die sehr zu empfehlen ist.

Die Schule, die ihnen die meiste Aufmerksamkeit schenkt, ist die des Laya Yoga, und ihr System besteht darin, die höheren Potentiale des Schlangenfeuers zu erwecken und es durch ein Zentrum nach dem anderen zu zwingen.

Diese Erweckung erfordert eine entschlossene und lang anhaltende Willensanstrengung, denn dieses erste Chakra in volle Aktivität zu bringen, bedeutet nämlich, die inneren Schichten des Schlangenfeuers zu erwecken.

Wenn dieses einmal erweckt ist, werden die anderen Zentren durch seine enorme Kraft belebt.

Seine Wirkung auf die anderen ätherischen Zentren besteht darin, die Kräfte, die durch die Entwicklung der entsprechenden astralen Chakren geweckt wurden, in das physische Bewusstsein zu bringen.

Die Erweckung der ätherischen Chakren

Wenn das zweite ätherische Zentrum an der Milz erweckt wird, ist der Mensch in der Lage, sich an seine vagen Astralreisen zu erinnern, wenn auch manchmal nur teilweise.

Eine leichte und zufällige Stimulierung dieses Zentrums führt oft zu einer schwachen Erinnerung an das glückselige Gefühl, durch die Luft zu fliegen.

Wenn das dritte Zentrum beim Nabel aktiv wird, beginnt der Mensch im physischen Körper, sich aller Arten von astralen Einflüssen bewusst zu werden, wobei er vage fühlt, dass einige von ihnen freundlich und andere feindlich sind, oder dass einige Orte angenehm und andere unangenehm sind, ohne im Geringsten zu wissen warum.

Die Stimulierung des vierten, des Herzen-Zentrums, lässt den Menschen instinktiv die Freuden und Leiden der anderen wahrnehmen und veranlasst ihn manchmal sogar, deren körperliche Beschwerden und Schmerzen durch Mitgefühl in sich selbst zu reproduzieren.

Die Erweckung des fünften Zentrums, am Hals, befähigt ihn, Stimmen zu hören, die ihm manchmal verschiedene Vorschläge machen.

Manchmal hört er auch Musik oder andere weniger angenehme Geräusche.

Wenn es vollständig funktionsfähig ist, macht es den Menschen hellhörig, soweit es die ätherische und astrale Ebene betrifft.

Wenn die sechste Zentrum zwischen den Augenbrauen belebt wird, beginnt der Mensch Dinge zu sehen, verschiedene Arten von Wachvisionen zu haben, manchmal von Orten, manchmal von Menschen.

In der frühen Entwicklung, wenn es gerade erst zu erwachen beginnt, bedeutet es oft nicht mehr als flüchtige Landschaften und Farbwolken.

Die vollständige Erweckung führt zur Hellsichtigkeit.

Das Zentrum zwischen den Augenbrauen ist noch auf eine andere Weise mit dem Sehvermögen verbunden.

Denn es verleiht die Kraft der Vergrößerung kleinster physischer Objekte.

Ein winziges biegsames Röhrchen aus ätherischer Materie ragt aus dem Zentrum heraus und ähnelt einer mikroskopisch kleinen Schlange, an deren Ende sich eine Art Auge befindet.

Dieses besondere Organ wird bei dieser Form des Hellsehens verwendet, und das Auge an seinem Ende kann sich ausdehnen oder zusammenziehen, wodurch sich die Stärke der Vergrößerung je nach der Größe des untersuchten Objekts ändert.

Das ist es, was in den alten Büchern gemeint ist, wenn von der Fähigkeit gesprochen wird, sich nach Belieben groß oder klein zu machen.

Um ein Atom zu erforschen, entwickelt man ein Sehorgan, das der Größe des Atoms entspricht.

Diese kleine Schlange, die aus der Mitte der Stirn herausragt, wurde auf dem Kopfschmuck des ägyptischen Pharaos symbolisch dargestellt, von dem man annahm, dass er als höchster Priester seines Landes diese und viele andere okkulte Kräfte besaß.

Wenn das siebte Zentrum erweckt ist, kann der Mensch, wenn er durch dieses Zentrum geht, seinen Körper bei vollem Bewusstsein verlassen und auch ohne die übliche Unterbrechung zu ihm zurückkehren, so dass er Tag und Nacht bewusst bleibt.

Wenn das Feuer alle diese Zentren in einer bestimmten Reihenfolge durchlaufen hat (die bei verschiedenen Typen von Menschen unterschiedlich ist), ist das Bewusstsein kontinuierlich bis zum Eintritt in die himmlische Welt am Ende des

Lebens auf der Astralebene, wobei weder die vorübergehende Trennung vom physischen Körper während des Schlafes noch die endgültige Trennung beim Tod einen Unterschied macht.

Gelegentliches Hellsehen

Bevor dies jedoch geschieht, kann der Mensch viele Einblicke in die Astralwelt bekommen, denn besonders starke Schwingungen können jederzeit das eine oder andere Chakra zu vorübergehender Aktivität anregen, ohne das Schlangenfeuer zu erwecken; oder es kann vorkommen, dass das Feuer teilweise erweckt wird, und auf diese Weise kann ebenfalls phasenweise Hellsichtigkeit auftreten.

Denn dieses Feuer existiert, wie wir gesagt haben, in sieben Schichten oder Kraftstufen, und es kommt oft vor, dass ein Mensch, der seine Willenskraft einsetzt, um es zu erwecken, nur eine einzige Schicht zu beeinflussen vermochte, und so kann es geschehen, dass er, wenn er meint, sein Werk getan zu haben, die Wirkungslosigkeit seiner Arbeit feststellt, und dass er sie viele Male wiederholen muss, indem er allmählich tiefer und tiefer gräbt, bis nicht nur die Oberfläche aufgewühlt ist, sondern das eigentliche Herz des Feuers in voller Aktivität ist.

Die Gefahr des vorzeitigen Erwachens

Diese feurige Kraft, wie sie in der Stimme der Stille genannt wird, ist in Wahrheit wie flüssiges Feuer, das durch den Körper strömt, wenn es durch den Willen erweckt worden ist; und die Bahn, durch die es sich bewegen sollte, ist spiralförmig wie die Windungen einer Schlange.

In ihrem erwachten Zustand kann sie noch in einem anderen als dem bereits erwähnten Sinne als die „Weltenmutter" bezeichnet werden, denn durch sie können unsere verschiedenen Vehikel belebt werden, so dass sich die höheren Welten nacheinander vor uns öffnen können.

Beim gewöhnlichen Menschen ruht sie unerweckt an der Basis der Wirbelsäule, und ihr Vorhandensein wird während des ganzen Lebens nicht bemerkt; und es ist in der Tat viel besser, sie so lange schlummern zu lassen, bis der Mensch eine bestimmte moralische Entwicklung durchlaufen hat, bis sein Wille stark genug ist, um sie zu kontrollieren, und seine Gedanken rein genug sind, damit er ihrem Erwachen ohne Gefahr entgegensehen kann.

Niemand sollte damit experimentieren, ohne eine genaue Anleitung von einem Lehrer zu erhalten, der sich mit dem Thema auskennt, denn die damit verbundenen Gefahren sind sehr real und überaus ernst.

Einige von ihnen sind rein physischer Natur.

Eine unkontrollierte Bewegung verursacht oft starke körperliche Schmerzen, und sie kann leicht Gewebe zerreißen und sogar das physische Leben zerstören.

Dies ist jedoch das geringste Übel, das sie verursachen kann, denn sie kann auch höhere Vehikel als das physische dauerhaft schädigen.

Eine sehr häufige Wirkung des vorzeitigen Erweckens ist, dass die Kraft im Körper nach unten statt nach oben strömt und so die unerwünschtesten Leidenschaften erregt - sie in einem solchen Maße anregt und ihre Wirkungen verstärkt, dass es dem Menschen unmöglich wird, sich gegen sie zu wehren, weil eine Kraft entfesselt wurde, der er so hilflos ausgeliefert ist wie ein Schwimmer im Maul eines Hais.

Solche Menschen werden zu Satyren, zu Ungeheuern der Verderbtheit, weil sie sich im Griff einer Kraft befinden, die in keinem Verhältnis zur normalen menschlichen Widerstandskraft steht.

Sie werden wahrscheinlich gewisse übernatürliche Kräfte erlangen, aber diese werden sie in Kontakt mit einer niedrigeren Evolutionsstufe bringen, mit der die Menschheit keinen Handel treiben sollte, und sie werden mehr als eine Inkarnation brauchen, um ihrer schrecklichen Knechtschaft zu entkommen.

Ich übertreibe in keiner Weise den Schrecken dieser Ereignisse, wie es jemand, der sie nur vom Hörensagen kennt, unbewusst tun könnte.

Ich selbst bin von Menschen konsultiert worden, denen dieses schreckliche Schicksal bereits widerfahren ist, und ich habe mit eigenen Augen gesehen, was mit ihnen geschehen ist.

Es gibt eine Schule der schwarzen Magie, die diese Kraft absichtlich für solche Zwecke einsetzt, damit dadurch ein bestimmtes niederes Kraftzentrum belebt wird, das von jenen, die dem Gesetz des Guten folgen, niemals auf diese Weise benutzt wird.

Einige Autoren leugnen die Existenz eines solchen Zentrums; aber Brahmanas aus Südindien haben mir versichert, dass es bestimmte Yogis gibt, die ihre Schüler lehren, es zu benutzen — wenn auch nicht unbedingt in böser Absicht.

Das Risiko ist jedoch zu groß, als dass es sich lohnen würde, es einzugehen, wenn man die gleichen Ergebnisse auf sicherere Weise erreichen kann. Abgesehen von dieser größten Gefahr birgt die vorzeitige Entfaltung der höheren Aspekte von Kundalini noch viele andere unangenehme Möglichkeiten.

Sie verstärkt alles in der Natur des Menschen, und sie beeinflusst die niederen und schlechten Eigenschaften leichter als die guten.

Im Mentalkörper zum Beispiel wird der Ehrgeiz sehr schnell geweckt und steigert sich bald zu einem unglaublich maßlosen Grad.

Sie könnte eine große Steigerung der Verstandeskraft mit sich bringen, würde aber gleichzeitig einen abnormen und satanischen Stolz hervorbringen, wie er für den normalen Menschen unvorstellbar ist.

Es ist nicht klug, wenn ein Mensch glaubt, er sei auf jede Kraft vorbereitet, die in seinem Körper entstehen kann; es handelt sich nicht um eine gewöhnliche Energie, sondern um eine, der man keinen Widerstand entgegensetzen kann.

Sicherlich sollte kein Ungeübter jemals versuchen, sie zu erwecken, und wenn er feststellt, dass sie zufällig geweckt wurde, sollte er sofort jemanden konsultieren, der sich in diesen Dingen auskennt.

Ich enthalte mich ausdrücklich jeder Erklärung, wie diese Erweckung vorzunehmen ist, und erwähne auch nicht die Reihenfolge, in der die Kraft (wenn sie erweckt ist) durch diese verschiedenen Zentren geleitet werden sollte, denn das sollte auf keinen Fall versucht werden, es sei denn auf ausdrückliche Anweisung eines Meisters, der über seine Schüler während der verschiedenen Phasen des Experiments wacht.

Ich möchte alle Schüler nachdrücklich davor warnen, irgendwelche Anstrengungen zu unternehmen, um diese gewaltigen Kräfte zu erwecken, es sei denn unter solch qualifizierter Anleitung, denn ich habe selbst viele Fälle von schrecklichen

Auswirkungen gesehen, die aus unwissender und unkluger Einmischung resultieren.

Diese Kraft ist eine gewaltige Realität, eine der großen grundlegenden Fakten der Natur, und sie ist auf keinen Fall etwas, mit dem man spielen sollte, keine Sache, die leichtfertig in Angriff genommen werden sollte, denn mit ihr zu experimentieren, ohne sie zu verstehen, ist viel gefährlicher, als es für ein Kind wäre, mit Nitroglyzerin zu spielen.

Wie es in der Hathayoga Pradipika sehr treffend heißt: „Sie schenkt den Yogis Befreiung und den Narren Knechtschaft" (III, 107.).

In solchen Angelegenheiten scheinen die Studenten so oft zu glauben, dass die Naturgesetze in ihrem Fall eine besondere Ausnahme machen werden, und dass die Vorsehung sie vor den Folgen ihrer Torheit bewahren wird.

Es wird mit Sicherheit nichts dergleichen passieren, und derjenige, der eine Explosion mutwillig provoziert, wird mit großer Wahrscheinlichkeit ihr erstes Opfer werden.

Es würde viel Ärger und Enttäuschung ersparen, wenn man die Studenten dazu bringen könnte, zu verstehen, dass wir in allen Angelegenheiten, die mit dem Okkultismus zu tun haben, genau und wörtlich meinen, was wir sagen, und dass es in jedem Fall und ohne Ausnahme anwendbar ist.

Denn es gibt keine Bevorzugung bei der Anwendung der großen Gesetze des Universums.

Jeder will alle möglichen Experimente wagen; jeder ist davon überzeugt, dass er für die höchstmögliche Lehre und für jede Art von Entwicklung bereit ist, und niemand ist bereit, geduldig an der Verbesserung des Charakters zu arbeiten und seine Zeit und seine Energien darauf zu verwenden, irgendetwas Nützliches für die Gesellschaft zu tun und auf all diese anderen Dinge zu warten, bis ein Meister verkündet, dass er dafür bereit ist.

Wie ich schon im vorigen Kapitel in einem anderen Zusammenhang gesagt habe, gilt nach wie vor der bekannte Ausspruch: „Trachtet zuerst nach dem Reich Gottes und nach seiner Gerechtigkeit, so wird euch dies alles zufallen."

Das spontane Erwachen von Kundalini

Es gibt einige Fälle, in denen die inneren Schichten dieses Feuers spontan erwachen, so dass ein dumpfes Glühen zu spüren ist; es kann sogar beginnen, sich von selbst zu bewegen, obwohl dies selten ist.

Wenn dies geschieht, kann es große Schmerzen verursachen, denn da die Kanäle nicht darauf vorbereitet sind, muss es sich seinen Weg bahnen, indem es tatsächlich eine Menge ätherischer Schlacken verbrennt - ein Prozess, der nur Leiden hervorrufen kann.

Wenn das Feuer von selbst erwacht oder zufällig geweckt wird, versucht es gewöhnlich, im Inneren der Wirbelsäule nach oben zu gelangen, wobei es dem Weg folgt, den seine niedrigste und sanfteste Erscheinungsform bereits genommen hat.

Wenn es möglich ist, sollte der Wille eingesetzt werden, um die Aufwärtsbewegung zu stoppen, aber wenn sich dies als unmöglich erweist (was sehr wahrscheinlich ist), muss kein Grund zur Sorge bestehen.

Es wird wahrscheinlich durch den Kopf austreten und in die umgebende Atmosphäre entweichen, und es ist wahrscheinlich, dass kein Schaden entsteht, außer einer leichten Schwächung.

Es muss nichts Schlimmeres als eine vorübergehende Bewusstlosigkeit befürchtet werden.

Die wirklich erschreckenden Gefahren sind nicht mit der Aufwärtsbewegung verbunden, sondern mit der Möglichkeit, dass es sich abwärts und nach innen bewegt.

Seine Hauptfunktion im Zusammenhang mit der okkulten Entwicklung besteht darin, dass es, indem es, wie oben beschrieben, durch die Kraftzentren im Ätherkörper geschickt wird, diese Chakren belebt und sie als Verbindungstore zwischen dem physischen und dem Astralkörper besser verfügbar macht.

In Die Stimme der Stille heißt es, dass das Schlangenfeuer, wenn es das Zentrum zwischen den Augenbrauen erreicht und dieses vollständig belebt, die Macht verleiht, die Stimme des Meisters zu hören — was in diesem Fall die Stimme des höheren Selbst bedeutet.

Der Grund für diese Aussage ist, dass die Hypophyse, wenn sie in einen funktionierenden Zustand gebracht wird, eine perfekte Verbindung mit dem astralen Fahrzeug bildet und dadurch alle Mitteilungen aus dem Inneren empfangen werden können.

Es ist nicht nur dieses Chakra; alle höheren Kraftzentren müssen derzeit erweckt werden, und jedes muss für alle Arten von Einflüssen aus den verschiedenen astralen Unterebenen empfänglich gemacht werden.

Diese Entwicklung wird allen zu gegebener Zeit zuteil werden, aber die meisten Menschen können sie nicht während der gegenwärtigen Inkarnation erlangen, wenn es die erste ist, in der sie begonnen haben, sich ernsthaft mit diesen Dingen zu befassen.

Einigen Indern mag dies gelingen, da ihr Körper aufgrund der Vererbung anpassungsfähiger ist als der der meisten anderen, aber für die Mehrheit ist es wirklich das Werk eines späteren Zyklus.

Die Bewältigung des Schlangenfeuers muss in jeder Inkarnation wiederholt werden, da die Körper jedes Mal neu sind, aber nachdem es einmal vollständig erreicht wurde, werden diese Wiederholungen eine leichte Angelegenheit sein.

Es ist zu bedenken, dass die Wirkung bei den verschiedenen Typen von Menschen unterschiedlich ausfällt; manche werden zum Beispiel das höhere Selbst eher wahrnehmen als seine Stimme hören.

Auch diese Verbindung mit dem Höheren hat viele Stufen; für die Persönlichkeit bedeutet sie den Einfluss des Egos, aber für das Ego selbst bedeutet sie die Macht der Monade, und für die Monade wiederum bedeutet sie, ein bewusster Ausdruck des Logos zu werden.

Persönliche Erfahrungen

Es mag hilfreich sein, wenn ich meine eigenen Erfahrungen in dieser Angelegenheit schildere.

Zu Beginn meines Aufenthaltes in Indien vor zweiundvierzig Jahren unternahm ich keine Anstrengungen, das Feuer zu erwecken, denn ich wusste nicht viel darüber und war der Meinung, dass man dazu mit einem besonderen psychischen Körper geboren werden müsste, den ich nicht besaß.

Aber eines Tages empfahl mir einer der Meister eine bestimmte Art der Meditation, die diese Kraft erwecken würde.

Natürlich setzte ich den Vorschlag sofort in die Tat um, und im Laufe der Zeit war ich erfolgreich.

Ich habe jedoch keinen Zweifel daran, dass er das Experiment überwachte und mich aufgehalten hätte, wenn es gefährlich geworden wäre.

Ich habe mir sagen lassen, dass es indische Asketen gibt, die ihren Schülern dies beibringen, wobei diese natürlich während des Prozesses unter sorgfältiger Aufsicht stehen.

Mir selbst sind jedoch keine solchen bekannt, und ich würde ihnen auch nicht vertrauen, wenn sie nicht speziell von jemandem empfohlen würden, von dem ich wüsste, dass er über wirkliches Wissen verfügt.

Die Leute fragen mich oft, was ich ihnen raten würde, wenn es darum geht, diese Kraft zu wecken.

Ich rate ihnen, genau das zu tun, was ich selbst getan habe.

Ich empfehle ihnen, sich in die theosophische Arbeit zu stürzen und zu warten, bis sie von einem Meister, der die Aufsicht über ihre psychische Entwicklung übernimmt, eine bestimmte Anweisung erhalten, und in der Zwischenzeit alle gewöhnlichen Meditationsübungen, die sie kennen, fortzusetzen.

Sie sollten sich keineswegs darum kümmern, ob eine solche Entwicklung in dieser oder in der nächsten Inkarnation eintritt, sondern die Angelegenheit vom Standpunkt des Ichs und nicht der Persönlichkeit aus betrachten. Sie können sich absolut sicher sein, dass die Meister immer nach denen Ausschau halten, denen sie helfen können, dass es völlig unmöglich ist, jemanden zu übersehen, und dass die Meister zweifellos ihre Anweisungen geben werden, wenn sie glauben, dass die richtige Zeit gekommen ist.

Ich habe nie gehört, dass es irgendeine Altersgrenze für die Entwicklung gibt, und ich sehe auch nicht, dass das Alter einen Unterschied machen könnte, solange man vollkommen gesund ist; aber die Gesundheit ist eine Notwendigkeit, denn nur ein starker Körper kann die Belastung aushalten, die viel schwerwiegender ist, als sich jemand, der den Versuch nicht gemacht hat, vorstellen kann.

Die Kraft, wenn sie erweckt ist, muss sehr streng kontrolliert werden, und sie muss durch die Zentren in einer Reihenfolge geleitet werden, die bei den verschiedenen Menschentypen unterschiedlich ist.

Auch muss die Bewegung, um wirksam zu sein, auf eine bestimmte Weise erfolgen, die der Meister zu gegebener Zeit erklären wird.

Das ätherische Gewebe

Wie erwähnt, stehen das astrale und das ätherische Zentrum in sehr enger Beziehung zueinander; aber zwischen ihnen und sie auf eine nicht leicht zu beschreibende Weise durchdringend, befindet sich eine Hülle oder ein Gewebe von dichter Beschaffenheit, eine Hülle, die aus einer einzigen Schicht physischer Atome besteht, die stark komprimiert und von einer besonderen Form von Lebenskraft durchdrungen sind.

Das göttliche Leben, das normalerweise vom Astralleib in den physischen Körper hinabsteigt, ist so abgestimmt, dass es dieses Gewebe mit vollkommener Leichtigkeit durchdringen kann. Aber für alle anderen Kräfte, die die atomare Materie der beiden Ebenen nicht nutzen können, ist es eine absolute Barriere.

Dieses Gewebe ist der von der Natur vorgesehene Schutz, um eine vorzeitige Öffnung der Kommunikation zwischen den Ebenen zu verhindern — eine Entwicklung, die zu nichts anderem als zu Schaden führen könnte.

Dies ist es, was unter normalen Bedingungen eine klare Erinnerung an das Geschehen während des Schlafes verhindert, und es ist auch der Grund für die augenblickliche Bewusstlosigkeit, die beim Tod immer auftritt.

Ohne diese gnädige Vorkehrung könnte der gewöhnliche Mensch, der von all diesen Dingen nichts weiß und darauf völlig unvorbereitet ist, jederzeit von irgendeiner astralen Wesenheit unter den Einfluss von Kräften gebracht werden, deren Bewältigung seine Kräfte völlig übersteigen würde.

Er wäre der ständigen Besessenheit durch jedes Wesen auf der Astralebene ausgesetzt, das sich seiner Vehikel bemächtigen möchte.

Es ist daher leicht zu verstehen, dass jede Verletzung dieses Gewebes eine ernste Bedrohung darstellt.

Eine Verletzung kann auf verschiedene Weise erfolgen, und wir sollten uns nach besten Kräften davor schützen.

Dies kann entweder durch einen Unfall oder durch fortgesetztes Fehlverhalten geschehen.

Jede große Erschütterung des Astralkörpers, wie z.B. ein plötzlicher furchtbarer Schreck, kann dieses empfindliche Gewebe zerreißen und den Menschen, wie es allgemein heißt, in den Wahnsinn treiben.

(Natürlich gibt es noch andere Möglichkeiten, durch die Angst zu Wahnsinn führen kann, aber dies ist eine davon).

Auch ein gewaltiger Wutausbruch kann die gleiche Wirkung haben.

Tatsächlich kann sie auf jede äußerst negative Emotion folgen, die eine Art Explosion im Astralkörper hervorruft.

Die Auswirkungen von Alkohol und Drogen

Die schädlichen Praktiken, die dieses schützende Gewebe allmählich verletzen können, zählen zu zwei Kategorien: der Gebrauch von Alkohol oder Rauschmitteln und das absichtliche Bestreben, die von der Natur verschlossenen Türen durch einen Prozess zu öffnen, der in der spiritistischen Sprache als Sitzung für die Entwicklung medialer Fähigkeiten bezeichnet wird.

Bestimmte Drogen und Getränke — vor allem Alkohol und alle Narkotika, einschließlich Tabak — enthalten Stoffe, die sich beim Zerfall verflüchtigen, und von denen ein Teil von der physischen Ebene in die Astralebene übergeht.

(Auch Tee und Kaffee enthalten diesen Stoff, allerdings in so geringen Mengen, dass sich die Wirkung meist erst nach längerem Missbrauch zeigt).

Wenn dies im Körper des Menschen geschieht, strömen diese Bestandteile durch die Chakren in die entgegengesetzte Richtung, für die sie bestimmt sind. Und wenn dies wiederholt geschieht, verletzen sie das zarte Gewebe schwer und zerstören es schließlich.

Diese Schädigung oder Zerstörung kann auf zwei verschiedene Arten erfolgen, je nach dem Typ des betreffenden

Menschen und dem Verhältnis der Bestandteile in seinem Äther- und Astralkörper.

Zum einen verbrennt der Strom der sich verflüchtigenden Materie das Gewebe und öffnet damit die Tür für alle Arten von unerwünschten Kräften und bösen Einflüssen. Zum anderen bewirken diese flüchtigen Bestandteile beim Durchströmen eine Art Verhärtung der Atoms, so dass ihre Schwingung weitgehend gebremst und gelähmt wird und sie nicht mehr durch die besondere Art von Kraft belebt werden können, die sie zu einem Netz verbindet.

Das Ergebnis ist eine Art Verknöcherung des Gewebes, so dass nicht mehr zu viel von einer Ebene zur anderen durchkommt, sondern nur noch sehr wenig.

Wir können die Auswirkungen dieser beiden Arten von Verfall bei Menschen sehen, die sich der Trunkenheit hingeben. Einige der Betroffenen fallen in ein Delirium tremens, in eine Besessenheit oder in den Wahnsinn, aber das ist doch vergleichsweise selten. Weitaus häufiger ist die zweite Art des Verfalls, bei der es zu einer Art allgemeiner Abstumpfung der menschlichen Qualitäten kommt, was zu grobem Materialismus, Brutalität und Tierhaftigkeit, zum Verlust aller feineren Gefühle und der Fähigkeit sich zu kontrollieren führt.

Er empfindet kein Verantwortungsgefühl mehr; er mag seine Frau und seine Kinder lieben, wenn er nüchtern ist, aber sobald ihn ein Anfall von Trunkenheit überkommt, wird er das Geld, mit dem er ihnen Brot hätte kaufen sollen, dazu verwenden, seine eigenen bestialischen Gelüste zu befriedigen, da jegliche Zuneigung und Verantwortung verschwunden zu sein scheinen.

Die Auswirkungen des Nikotins

Die zweite Art von Wirkung ist sehr häufig bei denjenigen zu beobachten, die dem Tabakkonsum verfallen sind.

Wir sehen sie immer wieder in dieser Gewohnheit verharren, obwohl sie sehr wohl wissen, dass sie ihre Umgebung belästigen. Das Rauchen ist die einzige Gewohnheit, die von einem gut erzogenen Menschen hartnäckig beibehalten wird, obwohl er weiß, dass es für andere die schlimmsten Folgen hat.

Es ist klar zu erkennen, dass in diesem Fall die feinen Empfindungen abgestumpft sind. Diese schädliche Angewohnheit versklavt diejenigen, die ihr frönen, so sehr, dass sie nicht in der Lage sind, sie zu überwinden, und jeder bessere Instinkt wird in dieser sinnlosen und schrecklichen Selbstsucht vergessen. Die Auswirkungen sind im physischen, astralen und mentalen Körper spürbar.

Der Mensch wird körperlich von äußerst unreinen Partikeln durchdrungen, die Ausdünstungen verursachen, die so grobstofflich sind, dass sie häufig mit dem Geruchssinn wahrgenommen werden können.

Auf astraler Ebene führt es nicht nur zu Verunreinigung, sondern neigt auch dazu, viele der Schwingungen abzuschwächen, und aus diesem Grund wird das Rauchen auch als „nervenberuhigend" bezeichnet.

Aber für den spirituellen Fortschritt wollen wir natürlich nicht, dass die Schwingungen gedämpft werden oder der Astralkörper mit giftigen Partikeln belastet wird.

Wir brauchen die Fähigkeit, auf alle möglichen Wellenlängen sofort zu reagieren, und doch müssen wir gleichzeitig perfekte Kontrolle haben, damit unsere Wünsche wie Pferde sind, die vom intelligenten Verstand geleitet werden, um uns zu bringen, wohin wir wollen, und nicht wild mit uns durchgehen, wie es die Gewohnheit des Tabakkonsums tut, und uns in Situationen bringen, in denen wir niemals anzutreffen sein sollten, wie unsere höhere Natur weiß.

Auch die Folgen nach dem Tode sind höchst bedrückend; es entsteht eine Art Verknöcherung und Lähmung des Astralkörpers, so dass der Mensch für lange Zeit (Wochen und Monate) hilflos, auf dem Rücken liegend, kaum bei Bewusstsein, wie in einem Gefängnis eingeschlossen ist, unfähig, mit seinen Freunden zu kommunizieren und tot für alle höheren Einflüsse.

Lohnt es sich, all diese Konsequenzen um eines kleinen Genusses willen auf sich zu nehmen? Für jeden Menschen, der wirklich beabsichtigt, seine Vehikel zu entwickeln, seine Chakren zu erwecken und auf dem Pfad der Heiligkeit voranzukommen, sollte Tabak zweifelsohne konsequent vermieden werden.

Alle Eindrücke, die von einer Ebene auf die andere gelangen, sollen, wie gesagt, nur durch die atomaren Unterebenen vermittelt werden; aber wenn dieser Zersetzungsprozess einsetzt, infiziert er nicht nur die atomare Materie, sondern auch die Materie der zweiten und dritten Unterebene.

Die einzige Verbindung zwischen der astralen und der ätherischen Ebene besteht dann, wenn eine Kraft, die auf die unteren Unterebenen einwirkt (auf denen nur unangenehme und negative Einflüsse herrschen), zufällig stark genug ist, um durch die Stärke ihrer Schwingung eine Antwort zu erzwingen.

Das Öffnen der Pforten

Doch auch wenn die Natur solche Vorkehrungen trifft, um diese Zentren zu schützen, ist es keineswegs ihre Absicht, dass sie immer fest verschlossen bleiben sollen. Es gibt eine richtige Art und Weise, wie sie geöffnet werden können.

Vielleicht wäre es richtiger zu sagen, dass es nicht darum geht, die Pforten weiter zu öffnen, als sie jetzt sind, sondern darum, dass der Mensch sich so weiterentwickelt, dass er den vorgegebenen Weg viel mehr nutzen kann.

Das Bewusstsein des gewöhnlichen Menschen kann die reine atomare Materie weder im physischen noch im astralen Körper nutzen, und deshalb gibt es für ihn normalerweise keine Möglichkeit, bewusst und willentlich zwischen den beiden Ebenen zu kommunizieren.

Der richtige Weg, dies zu erreichen, besteht darin, beide Vehikel zu läutern, bis die atomare Materie in beiden vollständig vitalisiert ist, so dass jegliche Kommunikation zwischen den beiden auf diesem Weg erfolgen kann.

In diesem Fall behält das Gewebe in vollem Umfang seine Funktion und Aktivität. Es ist kein Hindernis mehr für die perfekte Kommunikation und erfüllt weiterhin seinen Zweck, den engen Kontakt zwischen den unteren Ebenen zu verhindern, der alle Arten von unerwünschten Einflüssen durchlassen würde.

Deshalb werden wir immer angehalten, die Entfaltung der psychischen Kräfte abzuwarten, bis sie sich im natürlichen Lauf als Folge der Entwicklung des Charakters einstellen. Wir sehen aus der Erforschung dieser Kraftzentren, dass dies mit Sicherheit geschehen wird.

Das ist die natürliche Entwicklung; das ist der einzig wirklich sichere Weg, denn auf diesem Weg erhält der Schüler alle Vorteile und vermeidet alle Gefahren.

Das ist der Pfad, den unsere Meister in der Vergangenheit beschritten haben; das ist daher auch der Pfad für uns heute.

Laya Yoga

Die Schriften der Hindus

Es ist fast zwanzig Jahre her, dass ich den größten Teil der Informationen über die Chakren, die auf den vorhergehenden Seiten zu finden sind, geschrieben habe, und ich hatte damals nur sehr wenig Kenntnis von der umfangreichen Literatur, die zu diesem Thema in der Sanskritsprache existiert.

Seitdem sind jedoch mehrere wichtige Werke über die Chakren in englischer Sprache erschienen, darunter „Die Schlangenkraft“ (eine Übersetzung des Shatchakara Nirupana von Arthur Avalon), Thirty Minor Upanishads, übersetzt von K. Narayanaswami Aiyar, und The Shiva Samhita, übersetzt von Sris Chandra Vidyarnava.

Diese Werke befassen sich ausführlich mit dem Thema der Chakren, aber es gibt noch viele andere, die die Zentren eher beiläufig erwähnen.

Das Buch von Avalon enthält eine ausgezeichnete Reihe farbiger Abbildungen aller Chakren in der symbolischen Form, in der sie von den Hindu-Yogis immer gezeichnet werden.

Dieser Bereich der hinduistischen Wissenschaft wird im Westen allmählich bekannt; zum Nutzen meiner Leser werde ich versuchen, hier einen sehr kurzen Überblick darüber zu geben.

Die indische Liste der Chakren

Die in diesen Sanskrit-Büchern erwähnten Chakren sind identisch mit denen, die wir heute wahrnehmen, außer dass sie, wie ich bereits sagte, immer anstelle das Milz-Zentrums ihr Svadhishthana-Zentrum setzen.

Sie stimmen nicht ganz mit der Anzahl der Blütenblätter überein, aber im Großen und Ganzen stimmt ihre Aufzählung mit unserer überein, obwohl sie aus irgendeinem Grund das Scheitelchakra nicht erwähnen und das koronale Zentrum als Sahasrara Padma oder Lotus mit tausend Blütenblättern bezeichnen, da sie von sechs Chakren ausgehen. Auch das kleinere Chakra mit zwölf Blütenblättern, das sich innerhalb des koronalen Chakras befindet, wurde von ihnen beobachtet und erwähnt.

Sie sprechen von zwei Blütenblättern anstelle von sechsundneunzig im sechsten Chakra, aber sie beziehen sich zweifellos auf die beiden Unterteilungen der Scheibe dieses Zentrums, die in Kapitel I erwähnt wurden.

Die Diskrepanzen in Bezug auf die Anzahl der Blütenblätter sind nicht wichtig; zum Beispiel spricht die Yoga Kundalini Upanishad von sechzehn Blütenblättern im Herzchakra anstelle von zwölf, und die Dhyanabindu Upanishad und die Shandilya Upanishad erwähnen beide zwölf Speichen anstelle von zehn im Nabelchakra.

In einigen Werken wird auch auf ein weiteres Chakra unterhalb des Herzens und auf mehrere Zentren zwischen dem Stirnchakra und dem Scheitelchakra hingewiesen, die alle von großer Bedeutung sein sollen.

Die Dhyanabindu Upanishad sagt, dass der Lotus des Herzens acht Blütenblätter hat, aber ihre Erklärung der Verwendung dieses Chakras in der Meditation deutet darauf hin (wie wir später sehen werden), dass sie sich wahrscheinlich auf das sekundäre Herzchakra bezieht, auf das ich gerade hingewiesen habe.

Auch bei den Farben der Blütenblätter gibt es einige Unterschiede, wie aus Tabelle V hervorgeht, in der einige Angaben der wichtigsten Werke mit unserer eigenen Liste verglichen werden.

Es ist nicht verwunderlich, dass solche Unterschiede zu verzeichnen sind, denn es gibt zweifelsohne Varianten bei den Chakren der verschiedenen Menschen und Rassen sowie bei den Fähigkeiten der Beobachter.

Was wir in Kapitel I beschrieben haben, ist das Ergebnis einer sorgfältigen Beobachtung durch eine Reihe westlicher Studenten, die jede Anstrengung unternommen haben, um ihre Notizen zu vergleichen und zu überprüfen, was sie gesehen haben. Die Zeichnungen der Chakren, die von den Hindu-Yogis für ihre Schüler angefertigt werden, sind immer symbolisch und haben keinen Bezug zum tatsächlichen Aussehen des Chakras, außer dass man gewöhnlich versucht, die Farbe und die Anzahl der Blütenblätter wiederzugeben.

In der Mitte jeder solchen Zeichnung finden wir eine geometrische Form, einen Buchstaben des Sanskrit-Alphabets, ein Tier und zwei Gottheiten, eine männliche und eine weibliche. In Abb. 20 geben wir eine Reproduktion der Zeichnung des Herzchakras wieder, die aus Arthur Avalons „Die Schlangenkraft“ entnommen ist.

Wir werden uns bemühen zu erklären, was unter den verschiedenen Symbolen zu verstehen ist.

Farben der Lotosblätter			
Chakra lt. unseren Beobachtungen	Shatchakra-Nirupana	Shiva-Samhita	Garuda-Purana
Feuriges Orangenrot	Rot	Rot	–
Glühend, Sonnenähnlich	Zinnoberrot	Zinnoberrot	Sonnenähnlich
Verschiedene Schattierungen von Rot und Grün	Blau	Gold	Rot
Gold	Zinnoberrot	Dunkelrot	Gold
Blau, silbrig funkelnd	Wolkiges Purpur	Strahlend golden	Mondähnlich
Gelb und Purpur	Weiß	Weiß	Rot

Tabelle V

Die Abbildungen der Chakren

Das Ziel des Laya oder Kundalini Yoga ist das gleiche wie das jeder anderen Form des indischen Yoga, die Seele mit Gott zu vereinen; und zu diesem Zweck ist es immer notwendig, drei Arten von Anstrengungen zu unternehmen - die der Liebe, des Denkens und des Handelns.

Obwohl in einer bestimmten Yogaschule der Wille besonders eingesetzt werden muss (wie in der Lehre der Yoga Sutras) und in einer anderen vor allem höchste Liebe gefordert wird (wie in der Unterweisung von Shri Krishna an Arjuna in der Bhagavad Gita), wird doch immer betont, dass in allen drei Richtungen Fortschritte gemacht werden müssen.

So schlägt Patanjali für die Kandidaten zu Beginn eine Reihe von „Tapas“ Übungen oder Reinigungsbemühungen, Svadhyaya oder das Studium spiritueller Dinge und Ishvara pranidhana oder Hingabe an Gott zu allen Zeiten vor.

In ähnlicher Weise erklärt Shri Krishna seinem Schüler, dass Weisheit das wertvollste Instrument des Dienens ist, das größte Opfer, das man bringen kann, und fügt hinzu, dass sie nur durch Hingabe, Forschung und Dienst erworben werden kann, und schließt seine Erklärung mit den bedeutsamen Worten ab: „Die Weisen, die Seher der Wahrheit, werden dich die Weisheit lehren.“

In „Zu den Füßen des Meisters“ von Krishnamurti, dem modernsten Werk der östlichen Lehre, finden wir dieselbe Dreifaltigkeit, denn zu den Voraussetzungen gehören Unterscheidungsvermögen, gute Lebensführung und die Entwicklung der Liebe zu Gott, zum Guru oder Lehrer und zum Menschen.

Um diese Darstellungen der Chakren zu verstehen, die von den indischen Yogis verwendet werden, muss man sich vor Augen halten, dass sie dazu bestimmt sind, dem Anwärter beim Fortschritt in all diesen drei Linien zu helfen.

Es ist notwendig, dass er sich Wissen über den Aufbau der Welt und des Menschen aneignet (das, was wir heute Theosophie nennen), und dass er eine tiefe und starke Hingabe durch die Verehrung des Göttlichen entwickelt, während er danach strebt, die inneren Schichten der Kundalini zu erwecken und sie (denn diese Kraft wird immer als Göttin bezeichnet) durch die Chakren zu leiten.

Weil wir alle diese drei Ziele berücksichtigen, finden wir in jedem Chakra einige Symbole, die mit Lehre und Hingabe zu tun haben und nicht unbedingt als wesentlicher oder wirksamer Teil des Chakras angesehen werden müssen. In den Gottesdiensten — oder kollektiven Yogapraktiken — der liberalen katholischen Kirche finden wir ein westliches Beispiel für dieselbe Sache.

Auch dort bemühen wir uns gleichzeitig, die Hingabe zu fördern und spirituelles Wissen zu vermitteln, während wir die mit den Riten verbundene Magie praktizieren.

Wir müssen uns auch daran erinnern, dass in alten Zeiten die Yogis, die umherwanderten oder in den Wäldern lebten, kaum Zugang zu den schriftlichen Palmblattbüchern jener Zeit hatten und daher Gedächtnisstützen benötigten, wie sie viele dieser Symbole bieten. Sie saßen zeitweise zu Füßen ihrer Gurus und konnten sich danach an die theoretischen Inhalte, die sie bei diesen Gelegenheiten gelernt hatten, erinnern und sie mit Hilfe von Notizen, wie sie diese Zeichnungen vermitteln, rekapitulieren.

Das Herz-Chakra

Es ist kaum möglich, an dieser Stelle eine vollständige Erklärung der Symbolik all dieser Chakren zu geben; es dürfte genügen, einen Hinweis darauf zu geben, was im Fall des Herz- oder Anahata-Chakras gemeint ist, das unsere Abbildung zeigt.

Eine der größten Schwierigkeiten, mit der wir konfrontiert sind, besteht darin, dass es für die meisten dieser Symbole mehrere Interpretationen gibt und dass die indischen Yogis dem Fragenden gegenüber eine undurchdringliche Zurückhaltung an den Tag legen, eine steinerne Mauer, und nicht gewillt sind, ihr Wissen oder ihre Gedanken irgendjemandem mitzuteilen, außer dem Schüler, der sich in den „statu pupillari“ begibt, mit dem festen Vorsatz, sich ganz der Arbeit des Laya Yoga zu widmen, und wenn nötig entschlossen ist, sein ganzes Leben dieser Aufgabe zu widmen, um Erfolg zu haben.

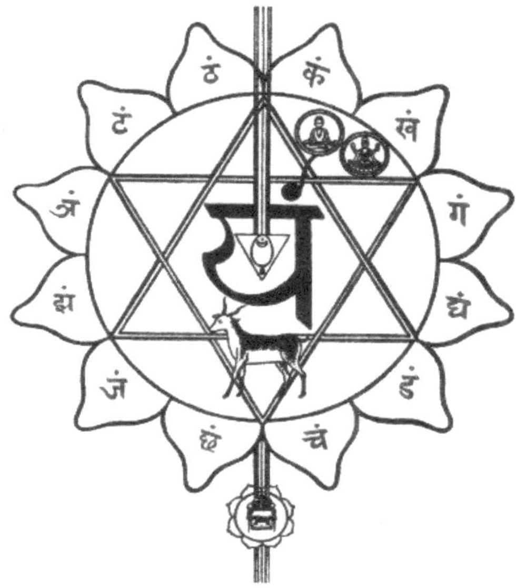

Abb. 20

Dieses Chakra wird in V. 22-27 des Shatchakra Nirupana beschrieben; die folgende Übersetzung ist eine Zusammenfassung von Avalon:

Der Herzlotus hat die Farbe der Bandhuka-Blume [rot], und auf seinen zwölf Blütenblättern befinden sich die Buchstaben Ka bis Tha, mit dem Bindu darüber, in zinnoberroter Farbe.

In seiner Fruchthülle befindet sich das sechseckige Vayu-Mandala von rauchiger Farbe und darüber das Surya-Mandala mit dem Trikona, das wie zehn Millionen Blitze leuchtet.

Darüber ist der Vayu Biya von rauchiger Farbe zu sehen, der auf einer schwarzen Antilope sitzt, vierarmig ist und den Stachelstock (ankusha) trägt.

In seinem (Vayu-Bijas) Schoß ist der dreiäugige Isha. Wie Hamsa (Hamsabha) sind seine beiden Arme in den Gesten des

Spendens von Segen und des Vertreibens von Angst ausgestreckt.

In der Fruchthülle dieses Lotus, auf einem roten Lotus sitzend, befindet sich die Shakti Kakini. Sie ist vierarmig, trägt die Schlinge (Pascha) und den Schädel (Kapala) und macht die Zeichen des Segens (Vara) und der Angstvertreibung (Abhaya).

Sie ist von goldener Farbe, bekleidet mit einem gelben Gewand und trägt alle möglichen Juwelen und einen Kranz aus Knochen.

Ihr Herz ist durch Nektar besänftigt.

In der Mitte des Trikona ist Shiva in Form eines Vana-Lingams, mit der Mondsichel und dem Bindu auf seinem Kopf. Er ist von goldener Farbe. Er blickt freudig mit einem Ansturm von Verlangen

Unter ihm ist der Jivatma ähnlich wie Hamsa. Es ist wie die stetig sich verjüngende Flamme einer Lampe.

Unter dem Fruchtkörper dieses Lotus befindet sich der rote Lotus mit acht Blütenblättern, dessen Kopf nach oben gerichtet ist. In diesem (roten) Lotus befindet sich der Kalpa-Baum und der juwelenbesetzte Altar, der von einem Baldachin überdacht und mit Fahnen und dergleichen geschmückt ist, der Ort der geistigen Verehrung.[1)]

Die Blütenblätter und Buchstaben

Die Blütenblätter eines jeden dieser Lotusse werden, wie wir bereits festgestellt haben, von den primären Kräften gebildet, die entlang der Speichen des Rades in den Körper ausstrah-

---

1) „Die Schlangenkraft", von Arthur Avalon.

len. Die Anzahl der Speichen wird durch die Zahl der Kräfte bestimmt, die zu der Energie gehören, die durch ein bestimmtes Chakra fließt.

In diesem Fall haben wir zwölf Blütenblätter, und die Buchstaben, die diesen zugeordnet sind, symbolisieren offensichtlich einen bestimmten Teil der gesamten schöpferischen Kraft oder Lebensenergie, die in den Körper einfließt.

Die hier erwähnten Buchstaben reichen von Ka bis Tha, in der regulären Reihenfolge des Sanskrit-Alphabets.

Dieses Alphabet ist außerordentlich wissenschaftlich — offensichtlich gibt es nichts Vergleichbares in den westlichen Sprachen — und seine 49 Buchstaben sind gewöhnlich in der

Vokale

अ a आ ā इ i ई ī उ u ऊ ū ऋ ṛi ॠ ṛī ऌ ḷi

ए e ऐ ai ओ o औ au anusvāra ं ṃ visarga ः ḥ

Konsonanten

guttural	क k	ख kh	ग g	घ gh	ङ ṅ		
palatal	च ch	छ chh	ज j	झ jh	ञ ñ	य y	श ś
retroflex	ट ṭ	ठ ṭh	ड ḍ	ढ ḍh	ण ṇ	र r	ष sh
dental	त t	थ th	द d	ध dh	न n	ल l	स s
labial	प p	फ ph	ब b	भ bh	म m	व v	
aspiration	ह h						

Tabelle VI

folgenden tabellarischen Form angeordnet; ksha wird hinzugefügt, um genügend Buchstaben für die fünfzig Blütenblätter der sechs Chakren zu haben.

Im Sinne des Yoga wird dieses Alphabet als die Gesamtsumme der menschlichen Laute betrachtet, als ein materiell erweiterter Ausdruck des einen schöpferischen Klanges oder Wortes. Wie das heilige Wort Aum (dessen Klang im hinteren Teil des Mundes mit a beginnt, die Mitte mit u durchquert und auf den Lippen mit m endet) stellt es die gesamte schöpferische Sprache und damit eine Reihe von Kräften dar

Diese sind wie folgt zugeordnet: die sechzehn Vokale dem Kehlchakra, Ka bis Tha dem Herzen, Da bis Pha dem Nabel-Chakra, Ba bis La dem zweiten (Milz-Chakra) und Va bis Sa dem ersten Chakra (Wurzel-Chakra).

Ha und Ksha werden dem Ajna-Chakra zugeordnet, und der Sahasrara-Lotus oder das Kronenchakra soll das Alphabet zwanzig Mal enthalten.

Es gibt keinen ersichtlichen Grund, warum die Buchstaben den genannten Chakren zugeordnet wurden, aber je höher wir in den Chakren aufsteigen, desto mehr Kräfte gibt es.

Es ist möglich, dass die Begründer des Laya-Systems ein detailliertes Wissen über diese Kräfte besaßen und die Buchstaben benutzten, um diese zu benennen, so wie wir Buchstaben verwenden, wenn wir uns auf Winkel in der Geometrie oder auf die Emanationen von Radium beziehen.

Die Praxis der Meditation über diese Buchstaben hat offensichtlich etwas damit zu tun, „den inneren Ton zu erreichen, der den äußeren tötet“, um eine Formulierung aus Die Stimme der Stille zu verwenden.

Die wissenschaftliche Meditation der Hindus beginnt mit der Konzentration auf ein vorgestelltes Objekt oder einen Ton, und erst wenn der Verstand beständig darauf fokussiert ist, versucht der Yogi, weiterzugehen, um seine höhere Bedeutung zu begreifen. Wenn er also über einen Meister meditiert, stellt er sich zuerst die physische Form vor und versucht dann, die Gefühle des Meisters zu spüren, seine Gedanken zu verstehen und so weiter.

In Bezug auf die Töne versucht der Yogi, vom Klang, wie wir ihn kennen und aussprechen, zur inneren Qualität und Kraft dieses Klangs vorzudringen, und so stellt dieser eine Hilfe dar, um das Bewusstsein von einer Ebene zur anderen zu erheben.

Man mag sich vorstellen, dass Gott die Ebenen erschaffen hat, indem er das Alphabet rezitierte, und dass unser gesprochenes Wort die unterste Spirale ist.

In dieser Form des Yoga strebt der Anwärter durch innere Versenkung oder Laya danach, auf diesen Pfad zurückzukehren und sich so dem Göttlichen zu nähern.

In „Licht auf dem Pfad“ werden wir aufgefordert, dem Lied des Lebens zu lauschen und zu versuchen, seine verborgenen oder höheren Töne zu vernehmen.

Die Mandalas

Das sechseckige Mandala oder der „Kreis“, der die Fruchthülle des Herzlotus einnimmt, gilt als Symbol für das Element Luft.

Jedes Chakra steht in einer besonderen Beziehung zu einem der Elemente Erde, Wasser, Feuer, Luft, Äther und Geist.

Diese Elemente sind als Zustände der Materie zu betrachten, nicht als Elemente, wie wir sie in der modernen Chemie verstehen.

Sie entsprechen also den Begriffen fest, flüssig, feurig oder gasförmig, luftig und ätherisch und sind in gewisser Weise analog zu unseren Unterebenen und Ebenen — der physischen, astralen, mentalen Ebene usw.

Diese Elemente werden durch bestimmte Yantras oder Diagramme symbolischen Charakters dargestellt, die im Shatchakra Nirupana wie folgt wiedergegeben werden und sich innerhalb der Fruchthülle der abgebildeten Lotusse befinden.

In der folgenden Liste wird manchmal Orangerot anstelle von Gelb, Blau anstelle von Rauchfarben und im fünften Chakra und Schwarz anstelle von Weiß angegeben, wobei erklärt wird, dass Schwarz für Indigo oder Dunkelblau steht.

Dem westlichen Leser mag es seltsam erscheinen, dass der Verstand zu den Elementen gezählt wird, aber dem Hindu erscheint das nicht so, denn der Verstand wird von ihm nur als ein Instrument des Bewusstseins betrachtet.

Chakra	Element	Form	Farbe
1	Erde	□	Gelb
2	Wasser	☽	Weiß
3	Feuer	△	Hellrot
4	Luft	✡	Rauchfarben
5	Äther	○	Weiß
6	Verstand	...	Weiß

Tabelle VII

Der Hindu betrachtet die Dinge von einem sehr hohen Standpunkt aus, oft sogar anscheinend von dem der Monade aus.

Zum Beispiel sagt Shri Krishna im siebten Kapitel der Bhagadva Gita: „Erde, Wasser, Feuer, Luft, Äther, Manas, Buddhi und Ahamkara — das sind die achtfachen Unterteilungen meiner Manifestation (Prakriti)."

Etwas später spricht er von diesen acht als „meine niedere Manifestation".

Diese Elemente sind mit der Idee der Ebenen verbunden, wie zuvor erklärt, aber es scheint nicht, dass die Chakren in besonderem Zusammenhang mit ihnen stehen.

Aber wenn der Yogi über diese Elemente und die ihnen zugeordneten Symbole in jedem Chakra meditiert, vergegenwärtigt er sich das System der Ebenen.

Er kann diese Form der Meditation auch als Mittel betrachten, um sein Bewußtsein über die Stufen der Ebene, auf der es gerade wirkt, auf die siebte oder höchste Ebene und über diese auf etwas noch Höheres anzuheben.

Ganz abgesehen von der Möglichkeit, bei vollem Bewusstsein auf eine höhere Ebene zu gelangen, haben wir hier ein Mittel, das Bewusstsein so zu erheben, dass es die Einflüsse einer höheren Welt empfinden und Eindrücke von oben empfangen kann.

Die Kraft oder der Einfluss, der auf diese Weise empfangen und gefühlt wird, ist zweifellos der "Nektar", von dem in den Büchern die Rede ist und über den wir im Zusammenhang mit dem Aufstieg der erweckten Kundalini zum höchsten Zentrum mehr sagen werden.

Die Yantras

In „Die feineren Kräfte der Natur“ präsentiert uns Pandit Rama Prasad eine sorgfältige Studie über die Gründe für die geometrischen Formen dieser Yantras.

Seine Ausführungen sind zu umfangreich, um sie hier wiederzugeben, aber wir können einige seiner Hauptgedanken kurz zusammenfassen.

Er erklärt, dass es einen Lichtäther gibt, der das Licht zu unseren Augen bringt, und dass es für jede der anderen Sinneswahrnehmungen — Riechen, Schmecken, Tasten und Hören — eine besondere Form von Äther gibt.

Diese Sinne stehen in Beziehung zu den Elementen, die durch die Yantras repräsentiert werden — der Geruch zum Festen (Quadrat), der Geschmack zum Flüssigen (Halbmond), das Sehen zum Gasförmigen (Dreieck), das Tasten zum Luftigen (Sechseck) und das Hören zum Ätherischen (Kreis).

Die Ausbreitung des Klangs, so argumentiert Pandit, erfolgt in Form eines Kreises, d.h. in Form einer Strahlung nach allen Seiten; daher der Kreis im fünften Chakra.

Die Ausbreitung des Lichts, sagt er, hat die Form eines Dreiecks, denn ein bestimmter Punkt in der Lichtwelle bewegt sich ein wenig vorwärts und gleichzeitig im rechten Winkel zur Fortschrittslinie, so dass es am Ende der Bewegung ein Dreieck ergibt; daher das Dreieck im dritten Chakra.

Er führt aus, dass es auch in den Fällen des Tastsinns, des Geschmacks und des Geruchs eine Bewegung im Äther gibt, und gibt Gründe für die damit verbundenen Formen in ihren jeweiligen Chakren an.

Die Tiere

Die Antilope ist wegen ihrer Leichtfüßigkeit ein geeignetes Symbol für das Element Luft, und das Bija- oder Samenmantra (d.h. der Klang, in dem sich die Kraft, die dieses Element regiert, manifestiert) wird als Yam angegeben.

Dieses Wort wird ausgesprochen wie der Buchstabe y, gefolgt von dem neutralen Vokal a (wie das a in "India") und einem nasalen Nachlaut, wie er im Französischen häufig vorkommt.

Es ist der Punkt über dem Buchstaben, der diesen Klang repräsentiert, und in diesem Punkt befindet sich die Gottheit, die in diesem Zentrum verehrt wird - die dreiäugige Isha.

Andere Tiere sind der Elefant, der wegen seiner Stabilität mit der Erde und wegen seiner unterstützenden Kraft mit dem Äther assoziiert wird, das Makara oder Krokodil im Wasser von Chakra 2 und der Widder (der offensichtlich als feuriges oder aggressives Tier angesehen wird) in Chakra 3.

Zu bestimmten Zwecken kann sich der Yogi vorstellen, auf diesen Tieren zu sitzen und die Kraft anzuwenden, die ihre Eigenschaften darstellen.

Die Gottheiten

Einigen dieser Mantras liegt eine schöne Idee zugrunde, die wir anhand des bekannten heiligen Wortes Om veranschaulichen können.

Es besteht angeblich aus vier Teilen — A, U, M und Ardhamatra.

In „Die Stimme der Stille" findet sich ein Hinweis darauf, und zwar wie folgt: „Dann kannst du zwischen den Schwingen des großen Vogels ruhen. Ja, süße Ruhe erwartete dich zwischen den Fittichen dessen, das nicht geboren ist und nicht stirbt, sondern AUM durch alle Ewigkeit ist."

Und Madame Blavatsky spricht in einer Fußnote zu diesem Text vom Großen Vogel als: Kala Hamsa, der Vogel oder Schwan.

Im Nada-Bindu Upanishat (Rig-veda), das von der Theosophischen Gesellschaft Kumbakonam übersetzt wurde, heißt es: „Die Silbe A wird als Hamsas rechter Flügel, U als der linke, M der Stoß, und Ardhamatra (Halbmeter) als der Kopf des Vogels betrachtet."

Nachdem der Yogi in seiner Meditation die dritte Silbe erreicht hat, geht er zur vierten Silbe über, die die darauf folgende Stille ist.

Er denkt an die Gottheit in dieser Stille. In den verschiedenen Büchern variieren die den Chakren zugeordneten Gottheiten.

Das Shatchakra Nirupana zum Beispiel ordnet Brahma dem ersten, Vishnu dem zweiten und Shiva dem dritten Chakra zu, und verschiedene Erscheinungsformen Shivas den folgenden Chakren daüber hinaus. Die Shiva Samhita und einige andere Werke erwähnen jedoch Ganesha (den elefantenköpfigen Sohn Shivas) im ersten, Brahma im zweiten und Vishnu im dritten Chakra.

Offensichtlich werden je nach Sekte des Gläubigen Unterschiede gemacht.

Im vorliegenden Beispiel haben wir neben Isha als weibliche Gottheit die Shakti Kakini.

Shakti bedeutet Kraft oder Stärke.

Die Gedankenkraft wird als Shakti des Verstandes beschrieben.

In jedem der sechs Chakren befindet sich eine dieser weiblichen Gottheiten — Dakini, Rakini, Lakini, Kakini, Shakini und Hakini — die von manchen mit den Kräften identifiziert werden, die die verschiedenen Dhatus oder Körpersubstanzen regieren.

In unserem Chakra sitzt Kakini auf einem roten Lotos.

Es wird gesagt, dass sie vier Arme hat (vier Kräfte oder Funktionen).

Mit zwei ihrer Hände macht sie dieselben Zeichen für die Gewährung von Segnungen und das Vertreiben von Ängsten, wie sie von Isha gezeigt werden; die anderen beiden halten eine Schlinge (ein Symbol, das eine andere Form des Ankh-Kreuzes ist) und einen Schädel (zweifellos als Symbol für die besiegte niedere Natur).

Die Körper-Meditation

Manchmal werden die Meditationen, die normalerweise für diese Chakren vorgeschrieben sind, dem Körper als Ganzes zugeordnet, wie im folgenden Auszug aus der Yogatattva Upanishad:

„Es gibt fünf Elemente: Erde, Wasser, Feuer, Luft und Äther.

Für den Körper der fünf Elemente gibt es eine fünffache Konzentration.

Von den Füßen bis zu den Knien wird gesagt, reicht der Bereich der Erde; die Form ist viereckig, die Farbe gelb und der Buchstabe La.

Man sollte meditieren, indem man den Atem mit dem Buchstaben La entlang der Erdregion (von den Füßen bis zu den Knien) führt und Brahma mit den vier Gesichtern und der goldenen Farbe kontempliert ...

Der Bereich des Wassers wird als von den Knien bis zum Anus reichend erklärt. Die Form des Wassers ist halbmondförmig und von weißer Farbe, und sein Bija (Samen-Mantra) ist Va.

Indem er den Atem mit dem Buchstaben Va entlang der Region des Wassers nach oben führt, sollte der Yogi über den Gott Narayana meditieren, der vier Arme und ein gekröntes Haupt hat, von kristallklarer Farbe ist, in orangefarbene Tücher gekleidet und unvergänglich ist ...

Vom Anus bis zum Herzen heißt es, es sei die Region des Feuers.

Das Feuer hat eine dreieckige Form, ist von roter Farbe und hat als Bija oder Samen den Buchstaben Ra.

Indem er den Atem, der durch den Buchstaben Ra strahlend wird, entlang der Region des Feuers erhebt, sollte der Yogi über Rudra meditieren, der drei Augen hat, der alle Wünsche erfüllt, der die Farbe der Mittagssonne hat, der überall mit heiliger Asche bestrichen ist und der eine zufriedene Miene hat ...

Vom Herzen bis zur Mitte der Augenbrauen heißt es, ist die Region der Luft.

Die Luft hat eine sechseckige Form, eine schwarze Farbe und leuchtet mit dem Buchstaben Ya.

Indem er den Atem durch den Bereich der Luft führt, sollte er über Ishvara, den Allwissenden, meditieren, der Gesichter auf allen Seiten besitzt ...

Von der Mitte der Augenbrauen bis zum Scheitel des Kopfes ist die Region des Äthers; ihre Form ist ein Kreis, ihre Farbe rauchig, und sie leuchtet mit dem Buchstaben Ha.

Indem er den Atem entlang der Region des Äthers erhebt, sollte der Yogi auf folgende Weise über Sadashiva meditieren — als Glück bringend, in der Form des Bindu (eines Tropfens), als der Große Deva, in der Form des Äthers, leuchtend wie reiner Kristall, die aufsteigende Mondsichel auf seinem Kopf tragend, mit fünf Gesichtern, zehn Händen und drei Augen, mit einem freudigen Antlitz, bewaffnet mit allen Waffen, geschmückt mit allen Ornamenten, die Göttin Uma in einer Hälfte seines Körpers, bereit, Gunst zu gewähren, und als Ursache aller Ursachen."

Dies bestätigt in gewissem Maße unsere Vermutung, dass in einigen Fällen die Prinzipien, über die wir meditieren sollten, lediglich zur Erinnerung auf Teile des Körpers bezogen werden und nicht mit der direkten Absicht, diese Teile zu beeinflussen.

Die Knoten

In der Mitte des Herz-Lotus ist ein Trikona oder umgekehrtes Dreieck abgebildet.

Dies gilt nicht für alle Zentren, sondern nur für das Wurzel-, Herz- und Stirnchakra.

In diesen befinden sich drei spezielle Granthis oder Knoten, die die Kundalini im Laufe ihrer Reise durchbrechen muss.

Der erste wird manchmal als der Knoten von Brahma bezeichnet, der zweite als der von Vishnu, der dritte als der von Shiva.

Die Vorstellung, die diese Symbolik vermitteln will, ist, dass das Durchdringen dieser Chakren in irgendeiner Weise eine besondere Änderung des Zustands mit sich bringt, möglicherweise von der Persönlichkeit zum höheren Selbst und von dort zur Monade — den Regionen, über die diese Aspekte herrschen.

Dies kann jedoch nur in untergeordneter oder sekundärer Hinsicht der Fall sein, denn wir haben festgestellt, dass das Herzchakra Eindrücke aus dem höheren Astralbereich empfängt, das Halszentrum aus dem Mentalbereich usw.

In jedem Dreieck wird die Gottheit als Lingam, als Organ der Vereinigung, dargestellt.

Das Jivatma (wörtlich „lebendiges Selbst“), das „wie die Flamme einer Lampe“ nach oben weist, ist das Ego, das als stetige Flamme dargestellt wird, wahrscheinlich weil es nicht durch die Widrigkeiten des materiellen Lebens beeinträchtigt wird, wie es bei der Persönlichkeit der Fall ist.

Der sekundäre Herzlotus

Der zweite kleine Lotos, der direkt unter dem Herzchakra abgebildet ist, ist ebenfalls ein besonderes Merkmal dieses Zentrums.

Er dient als Ort der Meditation über die Figur des Gurus oder den Aspekt der Gottheit, der den Gläubigen besonders anspricht oder ihm zugewiesen wird.

Hier stellt sich der Gläubige eine Insel aus Edelsteinen vor, auf der sich schöne Bäume und ein Altar für die Andacht befinden, der in der Gheranda Samhita wie folgt beschrieben ist:

„Er möge sich vorstellen, dass in seinem Herzen ein Meer von Nektar ist, und dass in der Mitte dieses Meeres eine Insel von Edelsteinen ist, deren Sand aus pulverisierten Diamanten und Rubinen besteht.

Auf allen Seiten stehen Kadamba-Bäume, die mit süßen Blumen beladen sind; neben diesen Bäumen steht wie ein Wall eine Reihe von blühenden Bäumen wie Malati, Mallika, Jati, Kesara, Champaka, Paryata und Padma, und der Duft dieser Blumen verbreitet sich rundherum, in alle Richtungen.

In der Mitte dieses Gartens möge sich der Yogi vorstellen, dass dort ein wunderschöner Kalpa-Baum steht, der vier Äste hat, die die vier Veden darstellen, und dass er voller Blumen und Früchte ist.

Insekten summen und der Kuckuck singt.

Unter diesem Baum soll er sich ein reiches Podest aus kostbaren Edelsteinen vorstellen und darauf einen kostbaren, mit Juwelen besetzten Thron, auf dem seine besondere Gottheit sitzt, wie sie ihm von seinem Guru gewiesen wurde.

Er möge über die eigene Form, die Verzierungen und das Vehikel dieser Gottheit meditieren."

Der Gläubige nutzt seine Vorstellungskraft, um diese schöne Szene so lebendig zu gestalten, dass er sich in seine Gedanken vertieft und die äußere Welt für eine Weile völlig vergisst.

Der Prozess ist jedoch nicht reine Vorstellung, denn er ist ein Mittel, um einen ständigen Kontakt mit dem Meister herzustellen.

So wie die von jemanden, der sich nach dem Tod in der himmlischen Welt befindet, geschaffenen Abbilder von Personen von den Egos dieser Personen mit Leben erfüllt werden, so erfüllt der Meister die von seinem Schüler geschaffene Gedankenform mit seiner wirklichen Gegenwart.

Durch diese Form kann echte Inspiration und manchmal auch Belehrung vermittelt werden.

Ein interessantes Beispiel dafür lieferte ein alter Hindu, der als Yogi in einem Dorf im Bezirk Madras lebte und behauptete, ein Schüler von Meister Morya zu sein.

Als dieser Meister vor Jahren in Südindien unterwegs war, besuchte er das Dorf, in dem dieser Mann lebte.

Dieser wurde sein Schüler und erklärte, dass er auch nach dessen Abreise seinen Meister nicht verloren habe, denn er sei ihm oft erschienen und habe ihn durch ein Zentrum in seinem Inneren belehrt.

Die Hindus legen großen Wert auf die Notwendigkeit eines Gurus oder Meisters, und sie verehren ihn sehr, wenn sie ihn gefunden haben. Sie betonen immer wieder, dass er als göttlich angesehen werden muss; die Tejobindu Upanishad sagt: „Die äußerste Grenze aller Gedanken ist der Guru."

Sie behaupten, dass, wenn man sich die Herrlichkeit des göttlichen Wesens vorstellt, die eigene Vorstellungskraft immer noch hinter der Vollkommenheit des Meisters zurückbleibt.

Wir, die wir die Meister gut kennen, wissen, wie wahr das ist; ihre Schüler erfahren in ihnen Höhen des Bewusstseins, deren Pracht und Herrlichkeit alle Erwartungen übersteigt.

Es geht nicht darum, dass sie den Meister als gottgleich betrachten, sondern darum, dass der Teil des Göttlichen, den der Meister erreicht hat, ihre bisherigen Vorstellungen davon übertrifft.

Wirkung der Herz-Meditation

Die Shiva Samhita beschreibt die Vorteile, die dem Yogi aus der Meditation über das Herzzentrum erwachsen sollen, folgendermaßen:

Er erlangt unermessliches Wissen, kennt die Vergangenheit, die Gegenwart und die Zukunft; er besitzt die Fähigkeit des Hellhörens, des Hellsehens und kann in der Luft wandeln, wann immer er will.

Er sieht die Adepten und die Göttinnen, die Yoginis genannt werden, erlangt die Kraft, die als Khechari bekannt ist, und beherrscht die Kreaturen, die sich in der Luft bewegen.

Derjenige, der täglich über den verborgenen Banalinga kontempliert, erlangt zweifellos die übersinnlichen Kräfte, die Khechari (sich in der Luft bewegen) und Bhuchari ("sich nach Belieben auf der Welt bewegen")[1)] genannt werden.

Es ist nicht notwendig, diese poetischen Beschreibungen der verschiedenen Kräfte zu kommentieren; der Schüler wird zwischen den Zeilen lesen.

Es mag aber auch an der wörtlichen Bedeutung solcher Aussagen etwas Wahres sein, denn in Indien gibt es viele Wunder — die geheimnisvollen Kräfte der Feuerläufer und die wunderbare hypnotische Fähigkeit einiger Beschwörer, die den berühmten Seiltrick und ähnliche Kunststücke vorführen.

Kundalini

Die Hindu-Yogis, für die diese Bücher geschrieben wurden, interessierten sich nicht sonderlich für die physiologischen

1) „The Shiva Samhita" V. 86 - 88.

und anatomischen Merkmale des Körpers, sondern beschäftigten sich mit der Meditation und der Erweckung der Kundalini, um ihr Bewusstsein zu erhöhen oder sich auf höhere Ebenen zu erheben.

Dies mag der Grund dafür sein, dass in den Sanskrit-Werken wenig oder gar nichts über die Chakren an der Oberfläche gesagt wird, aber viel über die Zentren in der Wirbelsäule und über den Durchgang der Kundalini durch diese.

Kundalini wird als Devi oder Göttin beschrieben, die wie ein Blitz leuchtet, im Wurzelchakra schlummert und sich wie eine Schlange dreieinhalb Mal um den dort befindlichen Svayambhu-Linga windet und mit ihrem Kopf den Eingang zur Sushumna verschließt.

Es wird nichts darüber gesagt, dass die äußere Schicht der Kraft in allen Menschen aktiv ist, aber diese Tatsache wird in der Aussage angedeutet, dass sie selbst im Schlaf „alle atmenden Geschöpfe belebt.“[1)]

Und man spricht von ihr als dem Shabda Brahman im menschlichen Körper.

Shabda bedeutet Wort oder Klang; wir haben hier also einen Hinweis auf den dritten Aspekt des Logos.

Bei der Erschaffung der Welt soll dieser Klang sich in vier Stufen entfaltet haben; wahrscheinlich liegen wir nicht falsch, wenn wir diese mit unseren westlichen Vorstellungen von den drei Zuständen des Körpers, der Seele und des Geistes und einem vierten, der Vereinigung mit dem Göttlichen oder Allgeist, in Verbindung bringen.

---

1) „Die Schlangenkraft“, Arthur Avalon.

Die Erweckung der Kundalini

Das Ziel der Yogis ist es, den schlafenden Teil der Kundalini zu erwecken und sie dann allmählich den Sushumna-Kanal aufsteigen zu lassen.

Zu diesem Zweck sind verschiedene Methoden vorgeschrieben, darunter der Einsatz des Willens, besondere Atemtechniken, Mantras sowie verschiedene Körperhaltungen und Bewegungen.

Die Shiva Samhita beschreibt zehn Mudras, die sie als die besten für diesen Zweck erklärt, von denen die meisten alle diese Anstrengungen zur gleichen Zeit beinhalten.

Avalon schreibt über die Wirkung einer dieser Methoden und beschreibt die Erweckung der inneren Schichten der Kundalini wie folgt:

“Die Hitze im Körper wird dann sehr stark, und die Kundalini, die sie spürt, erwacht aus ihrem Schlaf, so wie eine Schlange, die von einem Stock getroffen wird, zischt und sich aufrichtet. Dann tritt sie in Sushumna ein.“[1)]

Es heißt, dass in einigen Fällen Kundalini nicht nur durch den Willen, sondern durch einen Zufall — durch einen Schlag oder durch physischen Druck — erweckt worden ist.

Ich habe von einem solchen Beispiel in Kanada gehört.

Eine Frau, die von all diesen Dingen nichts wusste, stürzte in ihrem Haus die Kellertreppe hinunter.

Sie lag einige Zeit bewusstlos da, und als sie aufwachte, stellte sie fest, dass sie hellsichtig war und die Gedanken anderer Menschen lesen und wahrnehmen konnte, was in allen Zim-

---

1) „Die Schlangenkraft“, Arthur Avalon.

mern des Hauses vor sich ging; und diese Hellsichtigkeit ist ein dauerhafter Zustand geblieben.

Man nimmt an, dass die Dame in diesem Fall bei ihrem Sturz einen Schlag an der Basis der Wirbelsäule erhalten haben muss, und zwar genau an einer Stelle und in einer Art und Weise, die Kundalini in teilweise Aktivität versetzte; natürlich kann es auch ein anderes Zentrum gewesen sein, das so künstlich stimuliert wurde.

Manchmal wird in den Büchern die Meditation über die Chakren empfohlen, ohne dass zuvor Kundalini erweckt wurde. Dies scheint in den folgenden Versen aus der Garuda Purana der Fall zu sein: Muladhara, Svadhishthana, Manipuraka, Anahatam, Vishuddhi und auch Ajna werden als die sechs Chakren bezeichnet.[1)]

Man sollte in der Reihenfolge der Chakren über Ganesha, über Vidhi (Brahma), über Vishnu, über Shiva, über Jiva, über Guru und über Parabrahman, das alles durchdringende, meditieren. Nachdem er geistig in allen Chakren Verehrung dargebracht hat, sollte er mit unerschütterlichem Gemüt das Ajapagayatri gemäß den Anweisungen des Lehrers wiederholen.

Er sollte im Randhra mit dem umgedrehten tausendblättrigen Lotus über den gesegneten Lehrer im Hamsa meditieren, dessen Lotushand von Angst befreit.

Er sollte sich seinen Körper so vorstellen, als würde er vom Nektarfluss Seiner Füße gewaschen werden. Nachdem er in fünffacher Weise seine Verehrung dargebracht hat, sollte er sich niederwerfen und Sein Lob singen.

---

1) Siehe Tabelle I.

Dann sollte er über Kundalini meditieren, wie sie sich aufwärts und abwärts bewegt, wie sie durch die sechs Chakren einen Weg macht, der dreieinhalbmal gewunden ist.

Dann sollte er über die Stelle meditieren, die Sushumna genannt wird und aus der Randhra herausgeht; dadurch gelangt er zum höchsten Zustand, dem Zustand Vishnus.

Der Aufstieg der Kundalini

Die Bücher deuten eher an, als dass sie erklären, was passiert, wenn Kundalini durch den Kanal der Sushumna aufsteigt.

Die Wirbelsäule wird als Merudanda, der Stab des Meru, bezeichnet, „die zentrale Achse der Schöpfung", vermutlich des Körpers.

In ihm, so heißt es, befindet sich der Kanal, der Sushumna genannt wird, in diesem ein weiterer, der Vajrini genannt wird, und in diesem wiederum ein dritter, der Chitrini genannt wird, der „so fein wie ein Spinnenfaden" ist.

Darauf sind die Chakren aufgereiht, „wie Knoten auf einem Bambusstab."

Kundalini erhebt sich nach und nach in Chitrini, indem der Yogi seinen Willen in der Meditation einsetzt.

Bei einer Anstrengung kommt sie vielleicht nicht sehr weit, aber bei der nächsten schon ein bisschen weiter, und so weiter.

Wenn sie eines der Chakren oder Lotosblumen erreicht, durchdringt sie es, und die Blume, die nach unten gerichtet war, dreht sich nun nach oben.

Wenn die Meditation zu Ende ist, wird Kundalini vom Kandidaten auf demselben Weg wieder in das Muladhara-Chakra zurückgeleitet; in manchen Fällen wird sie jedoch nur bis zum Herzchakra geleitet, und dort tritt sie in das ein, was man ihre Kammer[1] nennt.

In einigen Büchern steht, dass Kundalini im Nabelchakra wohnt; wir haben sie dort bei normalen Menschen nie gesehen, aber diese Aussage kann sich auf diejenigen beziehen, die sie schon einmal erweckt haben und somit in diesem Zentrum eine Art von Depot des Schlangenfeuers haben.

Es wird erklärt, dass Kundalini, wenn sie im Laufe ihres Aufstiegs während der oben erwähnten Meditationen jedes Chakra durchläuft, die psychologischen Funktionen dieses Zentrums in den Zustand der Latenz (daher der Begriff Laya) versetzt.

In jedem Chakra, in das sie eintritt, gibt es eine große Stärkung des Lebens, aber da es ihr Ziel ist, das Höchste zu erreichen, steigt sie aufwärts, bis sie das oberste Zentrum erreicht, den Sahasrara-Lotus.

Hier genießt sie, wie die Symbolik besagt, die Glückseligkeit der Vereinigung mit ihrem Herrn, Paramashiva; und wenn sie auf ihren Pfad zurückkehrt, gibt sie jedem Chakra seine spezifischen Fähigkeiten zurück, jedoch in verstärktem Maße.

All dies beschreibt einen Prozess teilweiser Trance, den jemand, der tief meditiert, notwendigerweise durchläuft, denn wenn wir unsere ganze Aufmerksamkeit auf ein erhabenes Thema richten, hören wir vorübergehend auf, den verschie-

---

1) Siehe „Die Stimme der Stille", Fragment 1.

denen Klängen und Anblicken, die uns umgeben und auf uns einwirken, Beachtung zu schenken.

Avalon erwähnt, dass in der Regel Jahre vergehen, um die Kundalini in das Sahasrara zu leiten, obwohl dies in Ausnahmefällen auch in kurzer Zeit geschehen kann.

Übung macht den Meister, und es heißt, dass ein Experte die Shakti innerhalb einer Stunde aufsteigen und wieder absteigen lassen kann, obwohl es ihm natürlich freisteht, so lange im Kronenzentrum zu bleiben, wie er will.

Einige Autoren sagen, dass, wenn die Kundalini im Körper aufsteigt, der Teil, den sie durchläuft, kalt wird.

Dies ist zweifellos bei jenen besonderen Praktiken der Fall, bei denen ein Yogi über einen längeren Zeitraum in Trance geht, aber nicht bei der üblichen Ausübung dieser Kraft.

In der Geheimlehre zitiert Madame Blavatsky den Fall eines Yogis, der auf einer Insel in der Nähe von Kalkutta gefunden wurde und um dessen Gliedmaßen die Wurzeln von Bäumen gewachsen waren.

Sie fügt hinzu, dass er herausgeschnitten wurde, und bei dem Versuch, ihn zu erwecken, wurden seinem Körper so viele Schäden zugefügt, dass er starb.

Sie erwähnt auch einen Yogi in der Nähe von Allahabad, der — aus Gründen, die er wohl selbst kannte — dreiundfünfzig Jahre lang auf einem Stein sitzen blieb.

Seine chelas oder Schüler wuschen ihn jede Nacht im Fluss und brachten ihn dann zurück. Tagsüber kehrte sein Bewusstsein manchmal in die physische Welt zurück, und er sprach und lehrte dann.

Das Ziel von Kundalini

Die abschließenden Verse des Shatchakra Nirupana beschreiben auf wunderbare Weise den Endpunkt des Aufstiegs von Kundalini, wie folgt:

“Die Devi, die Shuddha-Sattva ist, durchdringt die drei Lingams, und nachdem sie alle Lotusse erreicht hat, die als Brahmanadi-Lotusse bekannt sind, erstrahlt sie dort in der Fülle ihres Glanzes.

Danach geht sie in ihrem subtilen Zustand, strahlend wie ein Blitz und fein wie eine Lotusfaser, zum leuchtenden, flammengleichen Shiva, der höchsten Glückseligkeit, und erzeugt unvermittelt die Glückseligkeit der Befreiung.

Die schöne Kundali trinkt den köstlichen roten Nektar, der sich aus Para Shiva ergießt, und kehrt von dort, wo die ewige und transzendente Glückseligkeit in all ihrer Herrlichkeit erstrahlt, auf dem Pfad von Kula zurück und tritt in Muladhara ein.

Der Yogi, der Stetigkeit des Geistes erlangt hat, bringt dem Ishta-Devata und den Devatas der sechs Chakren, den Dakini und anderen, mit dem Strom des himmlischen Nektars, der sich im Gefäß von Brahmanda befindet, dessen Wissen er durch die Tradition der Gurus erlangt hat, Opfergaben (Tarpana) dar.

Wenn der Yogi, der hingebungsvoll zu den Lotosfüßen seines Gurus sitzt, mit unerschütterlichem Herzen und konzentriertem Geist dieses Werk liest, das die höchste Quelle des Wissens über die Befreiung ist und fehlerlos, rein und höchst geheim ist, dann tanzt sein Verstand gewiß zu den Füßen seines Ishta-Devata."

Schlusswort

Wie wir glauben auch die Hindus, dass die Ergebnisse des Laya Yoga durch die Methoden aller Yogasysteme erreicht werden können.

In den sieben Schulen Indiens und unter den Schülern im Westen streben alle, die es richtig verstehen, nach dem höchsten Ziel menschlichen Strebens, nach jener Freiheit, die höher ist als die Befreiung, weil sie nicht nur die Vereinigung mit Gott in den höchsten Reichen, jenseits der irdischen Offenbarung, einschließt, sondern auch jene Kräfte auf jeder Ebene, die den Menschen zu einem Adhikari Purusha, einem Würdenträger oder Arbeiter im Dienste des Göttlichen machen; bei dem Werk, die sich mühenden Millionen der Menschheit zu der Herrlichkeit und dem Glück zu erheben, das uns alle erwartet.

OM, AIM, KLIM, STRIM